मेरी कमज़ोर लघुकथा

लघुकथाकारों द्वारा आत्म-आलोचना

डॉ. चंद्रेश कुमार छतलानी

Made with ♥ on the Notion Press Platform
www.notionpress.com

क्रम-सूची

क्रम-सूची

मेरी कमज़ोर लघुकथा

लघुकथाकारों द्वारा आत्म-आलोचना

• vii

VISHWA BHASHA AKADEMI, INDIA

विश्व भाषा अकादमी, भारत

Chairman
Mukesh Sharma
9810022312

Contact: 142, Part Six, Sector Five, Gurugram (Hr.)- 122001
Ph: 0124-2254450 & 8287874662 Email: vbakademi@gmail.com

इस कार्य में जो लेखिकाएं व लेखक सम्मिलित हैं वे सभी अपने लेखन से समाज की कमज़ोरी इंगित करने के साथ-साथ लेखकीय समुदाय के हित में अपने लेखन की कमज़ोरी को इंगित करने का भी साहस रखते हैं।

सम्पादक

डॉ. चन्द्रेश कुमार छतलानी

प्राक्कथन

मुकेश शर्मा, चेयरमैन
विश्व भाषा अकादमी (रजि.), भारत
vbaindia01@gmail.com

कमज़ोर के साथ कौन ?

शक्ति के साथ तो सभी होते हैं, लेकिन भला कमजोर के साथ कौन? सशक्त रचना तो अपने दम पर ही 'वाह,वाही' लूट लेती है, लेकिन भला कमजोर रचना में ऐसे कौन से संशोधन किये जाएं कि वह भी सशक्त स्वरूप लेले। यह एक बड़ी चुनौती है।

विश्व भाषा अकादमी (रजि.), भारत की राजस्थान इकाई और इसके अध्यक्ष डॉ. चंद्रेश कुमार छतलानी इस अनूठे प्रयास के लिए बधाई के पात्र हैं। उन्होंने कमजोर रचनाओं के इस कमजोर पक्ष की ओर ध्यान इंगित करने का और फिर

उन्हें सुधारने की राह दिखाने का जो पुस्तक रूपी बीड़ा उठाया, वह अपने आप में लीक से हटकर किया गया एक अनूठा प्रयास है।

राजस्थान इकाई के इस प्रयास के लिए हरी झंडी दिखाना मेरे लिए भी कुछ असामान्य था, क्योंकि यह अपने आप में चुनौतिपूर्ण कार्य है और आम तौर पर कोई ऐसी किताब तैयार करने का साहस नहीं करता है। यह मेरे लिए भी एक विचित्र स्थिति जैसा ही था। लेकिन डॉ. छतलानी की योग्यता पर भरोसा होने के कारण हमने इस दिशा में आगे बढ़ने का फैसला लिया।

लघुकथा साहित्य में सम्भवतः पहली बार किये गए इस अनूठे प्रयास के लिए राजस्थान इकाई और डॉ. छतलानी को साधुवाद, शुभ-कामनाएँ।

- मुकेश शर्मा, चेयरमैन

विश्व भाषा अकादमी (रजि),भारत

vbaindia01@gmail.com

सम्पादक की कलम से

डॉ. चंद्रेश कुमार छतलानी
अध्यक्ष, राजस्थान इकाई,
विश्व भाषा अकादमी (रजि.), भारत

सम्माननीय मित्रों,

सादर वन्दे।

कमज़ोरी जानना मनुष्य के कई स्वभावों में से एक है। मैंने कुछ लेखक-लेखिकाओं के साथ जब लघुकथा लेखन प्रारम्भ किया था, उस समय श्री योगराज प्रभाकर सर हमारी लघुकथाओं को बेहतर बनाने के लिए बहुत सी बातें बताते थे। मैं ऐसा समझता हूँ उस समय में जिस-जिसने भी उनसे सीखा, उनमें अपनी रचनाओं की कमजोरियों को जानने और उसे मान कर सुधारने की प्रवृत्ति भी बनी। हालांकि कई साहित्यकार ऐसा मानते हैं कि विषय देकर या चित्र देखकर लघुकथा लिखवाना उस अकादमिक शिक्षण की तरह है, जिससे प्रारम्भिक ज्ञान तो प्राप्त हो सकता है लेकिन प्रायोगिक ज्ञान नहीं। मेरे अनुसार भी यह बात सत्य है और इसी बात का समर्थन करते हुए मैं यह कहना चाहूंगा कि यह ज्ञान उस तरह के ज्ञान से मिलता-जुलता है जो हम किसी भी लघुकथा लेखन की अच्छी पुस्तक को पढ़ कर जान सकते हैं। फर्क इस बात का है कि उस पुस्तक से परिचय करवाने के लिए साथ एक विशेषज्ञ बैठे थे। यों भी किसी भी कार्य को प्रारम्भ करने के

लिए प्राथमिक ज्ञान आवश्यक है और इस नवीन प्रयोग में मुझे इसलिए बुराई नहीं प्रतीत हुई क्योंकि उस समय जिन्होंने सीखा, उनमें से कईयों में निःसंदेह उचित लघुकथा की समझ भी विकसित हुई। कोई प्रयोग कैसे किया गया उससे अधिक उसके आउटपुट पर चर्चा होनी चाहिए। बहरहाल, उस समय में जो लघुकथाओं की कमजोरियों को स्वीकार करने की प्रवृत्ति बनी उसने यह समझ भी विकसित की कि लेखक द्वारा कही गई कोई लघुकथा क्यों कमज़ोर है?

शायद यही प्रवृत्ति अवचेतन में थी, जिसने मुझे इस कार्य को करने की अन्तः प्रेरणा दी। इस कार्य में लघुकथा लेखकों से उनकी स्वयं की एक ऐसी रचना देने का निवेदन किया गया जो उनके स्वयं के अनुसार लघुकथा के किसी न किसी (एक अथवा अधिक) पक्ष/पक्षों में कमज़ोर है और जिसे उसी (उन्हीं) कमज़ोरी (कमज़ोरियों) की वजह से उसे कहीं प्रकाशित होने नहीं भेजा। उस रचना विशेष को किस वर्ष में लिखने का प्रयास किया गया, यह भी साथ में देने का निवेदन किया गया, हालांकि कुछ लघुकथाकारों ने लेखन वर्ष नहीं भेजा, इससे कार्य में एक सीमा अवश्य बढ़ी लेकिन जो इसका मुख्य उद्देश्य था, उसकी पूर्ती तो हो ही गई। रचना के साथ लेखक से एक वक्तव्य का भी निवेदन किया गया, जिसमें वे अपनी उस लघुकथा की दुर्बलताओं को उजागर करें।

कार्य का आधारः

इस प्रस्ताव का आधार यह था कि (कुछ अपवादों को छोड़कर) लगभग हर लघुकथाकार ने अपनी कोई न कोई रचना खुद ही रिजेक्ट की है। वे रचनाएं कैसी हैं और लघुकथाकारों द्वारा उन्हें रिजेक्ट क्यों किया गया है, यह जानने की जिज्ञासा ही इस शोध का आधार बनी।

कार्य का उद्देश्यः

इस कार्य का मुख्य उद्देश्य यह ज्ञात करना है कि लघुकथा लेखन के समय किस तरह की ऐसी कमियां हैं, जो रह जाएं तो रचना को प्रकाशन हेतु नहीं भेजना चाहिये। इससे लेखकों के नए व्यवहार को भी देखा जा सकता है।

जब यह कार्य प्रारंभ किया तो अधिकतर रचनाकारों ने उत्साह प्रदर्शित किया, हालांकि कुछ ने इस कार्य को सही नहीं ठहराया, कुछ शंकित भी थे, लेकिन मेरा यह मानना था कि जब किसी रचना की समीक्षा होती है तो उसके सबल और दुर्बल पक्षों को दर्शाया जाता है। जब समीक्षा करना गलत नहीं है तो, आत्मवलोकन की तरह ही स्वयं की रचना का अवलोकन कर उसके दुर्बल पक्षों को इंगित करना किसी हाल में बुरा नहीं हो सकता।

चूँकि यह लघुकथाओं की दुर्बलता पर किया गया एक कार्य है, अतः लघुकथाओं के सम्पादन की गुंजाइश नहीं थी, केवल लेखकीय वक्तव्य में कुछ सम्पादन किया है।

इस कार्य में कुल 55 रचनाएं प्राप्त हुई हैं। मैं उन सभी रचनाकारों का हृदय से आभार प्रदर्शित करता हूँ, जिन्होंने उदार होकर स्वयं के लेखन का विश्लेषण कर उसमें से कमियाँ चुनीं। लघुकथा विधा को आप सभी से बहुत उम्मीदें हैं।

जय भारत।

डॉ. चंद्रेश कुमार छतलानी
9928544748
chandresh.chhatlani@gmail.com

1

एक दुर्लभ-साक्षात्कार / रावी का, मुकेश शर्मा द्वारा

(लघुकथा-लेखक मुकेश शर्मा के प्रश्न और हिंदी लघुकथा की नींव के नायक रावी के लिखित उत्तर। काल:19.7.1988)

' यथार्थ का कीचड़ कम से कम उछालें '-रावी

प्रश्न: लघुकथा का साहित्य में क्या स्थान है ?

उत्तर: जो आभूषण में 'नगीना' का ।

प्रश्न: लघुकथा के प्रारम्भिक काल पर आपके विचार...?

उत्तर: जानकारी नहीं ।

प्रश्न: लघुकथा को पंचतंत्र, हितोपदेश, बोधकथा, जातक कथा आदि से जोड़ना कहाँ तक उचित है ?

उत्तर: समीक्षक, विवेचकजन जानें ?

प्रश्न: पिछले पंद्रह-बीस वर्षों में लिखी गयी काफी लघुकथाओं में अनेक कमजोरियां देखी जा सकती हैं । आप इन लघुकथाओं में मुख्यत: कौन सी कमजोरियां पाते हैं ?

उत्तर: ध्यान में नहीं आई ।

प्रश्न: लघुकथा का मिनी कहानी एवं व्यंग्य से क्या सम्बन्ध हैं ?

उत्तर: मिनी का उदात्ती कृत रूप ।

प्रश्न: लघुकथा की वर्तमान स्थिति पर विचार...?

उत्तर: आप लोग ही जानें ।

प्रश्न: आज इतनी अधिक लघुकथाएँ क्यों लिखी जा रही हैं ?

उत्तर: लेखकों की इच्छा ।

प्रश्न: लघुकथा का प्रारूप कैसा होना चाहिए ?

उत्तर: संक्षिप्त कथानक युक्त, जीवन के किसी गहरे तथ्य की ओर अंगुलि-निर्देशक ।

प्रश्न: लघुकथा का आकार क्या हो?

उत्तर: यथासंभव 'लघु' ।

प्रश्न: आप इन दिनों लघुकथा के समक्ष मुख्यतः कौन-कौन सी समस्या पाते हैं ? इन समस्याओं के समाधान क्या हैं?

उत्तर: कोई नहीं ।

प्रश्न: एक स्वस्थ लघुकथा के क्या मापदण्ड हो सकते हैं ?

उत्तर: क्रम आठ के अनुसार । (संक्षिप्त कथानक युक्त, जीवन के किसी गहरे तथ्य की ओर अंगुलि-निर्देशक।)

प्रश्न: क्या किसी भी विधा की उन्नति के लिए आंदोलन ज़रूरी होते हैं ?

उत्तर: ज़रूरी समझें तो होते हों ।

प्रश्न: लघुकथा-आंदोलन पर आपके विचार...?

उत्तर: शून्य ।

प्रश्न: क्या किसी भी विधा को पुष्ट करने के लिए उसकी समीक्षा होना आवश्यक है ?

उत्तर: (शब्दों की बनावट स्पष्ट न होने के कारण पता नहीं चल पा रहा कि इसका उत्तर उन्होंने क्या लिखा है ।)

प्रश्न: लघुकथा की ओर समीक्षकों के आकृष्ट न होने के कारण...?

उत्तर: समीक्षकों से पूछें ।

प्रश्न: इसके समीक्षा-पक्ष को पुष्ट करने में लघुकथा-लेखकों की क्या भूमिका हो सकती है ?

उत्तर: लघुकथा-लेखकों की राय लें ।

प्रश्न: लघुकथा के बेहतर भविष्य के लिए कोई योजना ?

उत्तर: मेरे पास नहीं है ।

प्रश्न: क्या लघुकथा का भविष्य उज्ज्वल लगता है ?

उत्तर: लगता है ।

प्रश्न: वर्तमान में लिख रहे लघुकथा-लेखकों के लिए कोई सुझाव या सन्देश...?

उत्तर: लघुकथाओं में कोई सृजनात्मक संदेश दें, 'यथार्थ का कीचड़' कम से कम उछालें ।

साभार:'लघुकथा के आयाम' (सं- मुकेश शर्मा)

2

लेख: लघुकथा और शास्त्रीय सवाल / डॉ. अशोक भाटिया

लघुकथा ज्यों-ज्यों फैलाव ले रही है, त्यों -त्यों उससे कुछ सवालों को अकारण ही जोड़कर स्वयं को उभारने की कोशिश भी होती रही है। ऐसी स्थिति में रचना और आलोचना तथा इनके रिश्तों पर बुरा असर पड़ा है।

वे सिद्धांत, जो रचना को बेहतरी की ओर न ले जाएं या व्यावहारिक न हों - व्यर्थ होते है। सिद्धांत रचना में से जन्म लेते है। यदि उन्हें बाहर से लागू करने का प्रयास किया जाएगा तो या तो रचना नहीं रहेगी या सिद्धांत नहीं रहेंगे। उदाहरण दिलचस्प है। हिंदी में महाकाव्य के लिए जो लक्षण संस्कृत और हिंदी के नामी आचार्यों ने दिए उन पर हिंदी का एक भी महाकाव्य खरा नहीं उतरता। इससे रामचरितमानस, पद्मावत, साकेत या कामायनी का महत्व कम नहीं हो जाता। यहां तक कि आधुनिक काल में महाकाव्य के नए लक्षण दिए गए, जो काव्य के कंटेंट और थीम को अधिक महत्व देते हैं। हालाँकि ये लक्षण एक क्लासिक किस्म की काव्य विधा के लिए थे,लेकिन लघुकथा तो इस दायरे में नहीं आती है।

एक समय था, जब कहानी और उपन्यास को छह तत्वों (कथानाक, पात्र, संवाद वतावरण, भाषा-शैली व उद्देश्य) के आधार पर परखा जाता था, लेकिन 1960 के आस-पास कथाकारो व समीक्षको को अनुभव हुआ कि रचना की संश्लिष्टता को तत्वों में बाँटकर नहीं परखा जा सकता। समय के अनुसार

सामाजिक प्रतिक्रियाएँ तेज़ होती जा रही है, ऐसे में ये स्थिर मापदण्ड उसके लिए प्रासंगिक नहीं रह गए। लेकिन इधर हिन्दी लघुकथा के क्षेत्र में लेखन के आधार तय करने के लिए कुछ शास्त्रीय सवाल रह-रहकर उभारे जा रहे हैं। तात्विक परख एक तरह की अध्यापकीय समीक्षा है, जो रचना की संवेदना से प्रायः दूर रहती है और फिर समीक्षा की कसौटी आप जैसी भी बनाएँ, रचना करने के लिए कोई ऐसे आधार कैसे बनाए जा सकते हैं?

एक सवाल है कि कथानक के दृष्टिकोण से लघुकथा में एक घटना या एक बिम्ब को उभारने की अवधारणा कहां तक सार्थक है? लघुकथा में घटना एक भी हो सकती है, एक से अधिक भी और एक भी नहीं हो सकती। कई बार केवल स्थिति ही काफी होती है। तो सभी संभावनाएँ है लेखक के सामने खुली है। उदेश्य के लिहाज से जिस रूप में वह अपनी बात को ठीक ढंग से कह पाए - वही उसे अपनाना चाहिए। यही बात बिम्ब के बारे में कहीं जा सकती है। एक से अधिक बिम्बो का प्रयोग भी हो सकता है। बिम्ब रचना के सौंदर्य में वृद्धि तो करता है, लेकिन कई रचनाओं में इसको लाना उसकी गतिशिलता में बाधक बन सकता है। इसलिए एक घटना और एक बिम्ब का सिद्धांत कोई मायने नहीं रखता। रचनात्मक कौशल से बड़े फलक पर भी लघुकथा लिखी जा सकती है।

दूसरा सवाल है कि क्या लघुकथा में पेड़-पौधे आदि प्रकृति के उपादान केंद्रीय पात्र की भूमिका निभा सकते हैं? मेरा अपना मत है कि कथाकार को एलीगरी से यथासम्भव बचना ही चाहिए। इसमें रोमानी मानसिकता का और समाज से कटने का खतरा साफ़ दिखाई पड़ता है। ये खतरे लेखक के साथ-साथ पाठक को भी चपेट में ले सकते हैं। पेड़-पौधों का लघुकथा में प्रयोग करना या उन्हें नायक बनाना वर्जित नहीं है, लेकिन उन पर प्राथमिक तौर पर निर्भर करना भी ठीक नहीं है। यदि मनुष्य पात्र को रचना में उतारने से लेखक अपनी बात बेहतर कह सकता है, तो पेड़-पौधों का सहारा लेने की क्या ज़रूरत है? मनुष्यो की जटिल मानसिकता का, जटिल सम्बंधो का, आज के जटिल व संश्लिष्ट यथार्थ का आरोप पेड़ों आदि पर कैसे कर सकते हैं? यह भी अस्वाभाविक है कि कोई चिड़िया या कबूतर मानव-मन का विश्लेषण करते हुए दिखाए जाएँ। वैसे खलील जिब्रान ने एलीगरी का बहुत और असरदार प्रयोग किया है। लेकिन आज जैसी रचनाओं की ज़रूरत है, उसमे इसका अधिक प्रयोग रचनात्मक लक्ष्य को पीछे धकेल देगा। आज जब, 'सीधी कार्रवाई' और 'निर्णयात्मक लड़ाई' की बात की जा रही है, तो हमे अपनी बात यथासम्भव सीधे-सीधे ही कहनी होगी।

तीसरा सवाल यह है कि कथ्य संरचना में शब्द और वाक्य तथा कथोपकथन (संवाद) तत्त्वों का होना अति आवश्यक है या नहीं ? एक रचना को वाक्य के स्तर पर न तो परखा जा सकता है, न ही लिखते समय लेखक का ध्यान वाक्य संरचना की विशेषताओं पर रहता है। जब कंटेंट अपना रूप स्वय निर्धारित करता है तो वाक्यों व संवादों के छोटे/चुस्त होने की बात रचना पर कैसे लादी जा सकती है? संवाद स्वय में रचना का महत्वपूर्ण तत्व होता है। इससे कई बार बहुत बड़ी बात कही जा सकती है, लेखक को हस्तक्षेप भी नहीं करना पड़ता। लेकिन संवादों का होना शर्त नहीं है। लघुकथा में संवाद हो भी सकते हैं, नहीं भी हो सकते हैं और सिर्फ संवादों के बल पर लघुकथा लिखी जा सकती है। जब पूरी कहानी (ऊपर, नीचे और दरमियान : लेखक सआदत हसन मण्टो, सन्दर्भ पहल -31) संवाद शैली में लिखी जा सकती है, तो लघुकथा क्यों नहीं लिखी जा सकती? संवादों का प्रयोग लेखक व रचना पर निर्भर करता है।

लघुकथा के कुछ लेखक-समीक्षक काल के अन्तराल को लघुकथा का दोष मानते है। मेरे विचार में अन्य विधाओं में कभी प्रचलित रही प्राचीन कसौटियों को लघुकथा में लाकर खड़ा करने का कोई औचित्य नहीं है। काल-दोष (और स्थान-दोष) की बात सबसे पहले अरस्तू ने उठाई थी। लेकिन शेक्सपियर ने अपने नाटकों में उस कसौटी को कोई महत्व नहीं दिया। आखिर हर रचना की अपनी प्रकति और अपनी ज़रूरत होती है। हिंदी में नाटक की समीक्षा के लिए प्रसाद-युग तक 'त्रिदोप' (समय, स्थान और कार्य का अन्तराल) को एक कसौटी बनाया गया, उसके बाद रचनात्मकता पर से यह बन्धन हट गया। दरअसल काल-दोष वाली बात अपने में जड़ अवधारणा है। काल एक निरन्तर गतिशील प्रवाह है, जिसका वर्तमान अतीत में जुड़ता और भविष्य में घटता रहता है। लघुकथा की एक समय में घटित होने की कसौटी उसका गला घोंट देने में ही सहायक होगी। इस कसौटी से एक स्थिर और सतही पॉप्युलर किस्म के यथार्थ को लेकर लिखी जाने वाली लघुकथाओ को बल मिलेगा। कई बार एक लम्बे समय को लेकर लघुकथा में अपनी बात अधिक सघन व असरदार ढंग से कही जाती है। जटिल, संश्लिष्ट व गतिशील यथार्थ को पकड़कर उसे कलात्मक यथार्थ तक पहुँचाने के लिए लेखक के पास विविध प्रयोगो के क्षेत्र खुले रहने चाहिएँ। कविता, उपन्यास और कहानी में एक लम्बे समय की बात को कहने के लिए लेखक कल से आज और आज से कल पर सुविधा या जरूरत के अनुसार फ्लिप करता है। समय का एक बड़ा दायरा, बड़ा फलक कई कथानकों के लिए जरूरी होता है। लघुकथा के लघु कलेवर में लेखक यदि समय के विशाल फलकवाले कथानक को सफलता से निभा जाता है, तो यह

उसका रचनात्मक कौशल कहा जाएगा।

अनेक विश्वप्रसिद्ध बाल कथाओं में काल की सीमा का बन्धन नहीं माना गया। 'मूर्ख गड़रिया' में अलग-अलग समय में गड़रिया कुल चार बार 'शेर-शेर' चिल्लाता है। इस तरह काल-दोष देखने लगे तो उसमें तीन बार अन्तराल आया है, लेकिन लघुकथा प्रभावित करती है। पहली तीन बार झूठ-मूठ चिल्लाने पर लोग मदद के लिए आते हैं। चौथी बार सचमुच शेर के आने पर वह चिल्लाता है, पर लोग अब झूठ समझकर मदद को नहीं आते। इस लघुकथा का उदेश्य अन्तराल को दिखाए बिना पूरा हो ही नहीं सकता था। इसलिए एक ही समय में घटना होने की कसौटी अतार्किक लगती है। उद्देश्य की दृष्टि से लघुकथा में अन्विति एकतानता होगी तो काल-दोष वाली बात उसका बड़ा गुण दिखाई देगी। पाठक भी रचना के उद्देश्य को लेकर प्रभावित होता है,चाहे रचना कितने स्थानों और समय तक फैली हो। प्रसिद्ध व्यंग्यकार हरिशंकर परसाई की कई लघुकथाएँ काल की सीमा से ऊपर है। 'सूअर','अमरता','लिफ्ट','बाप बादल','थ्रू प्रॉपर चैनल' आदि उनकी ऐसी ही लघुकथाएँ है। इस लघुकथा में काल को लेकर लेखक पर बन्धन नहीं लगाना चाहिए। एक उद्देश्य, एक बात के हिसाब से लेखक जहाँ जाना चाहता है, वह जाएगा ही।

तो ऐसी शुष्क और गैर-रचनात्मक कसौटियाँ लघुकथा ही नहीं, किसी भी प्रकार के लेखन पर लागू नहीं होतीं। लेखक रचनात्मक प्रक्रिया से गुजरते हुए इन कसौटियों पर कभी ध्यान नहीं देता, दे भी नहीं सकता। उसके सामने जीता-जागता, हलचलो से भरा जीवन है, पात्र हैं, लेखन का उद्देश्य है। रचना अगर लेखक के विचारशील-संवेदनात्मक व्यक्तित्व से उपजी है, तो वह उन सवालों से ऊपर है, बहुत ऊपर है। रचनात्मक क्षण इन प्रश्नों से अलग रहते हैं। बकौल रमेश बतरा- "विचार और अनुभव तो जिन्दगी को भी पीछे छोड़ जाते है, शर्त तो क्या चीज़ है?" एक श्रेष्ठ रचना वह है जिसमे पाठक की सोच, भावना और संवेदना को सही दिशा में प्रभावित करने की क्षमता हो।

3

लेख: लघुकथाकारों द्वारा आत्म-आलोचना और उसकी सार्वजनिक चर्चा

डॉ. चंद्रेश कुमार छतलानी

हमारे ब्रह्माण्ड के सबसे बड़े सृजनकर्ता ने इतने बड़े पिंडों का भी निर्माण किया है, जिनका आकार व भार गणित की किसी एक इकाई से व्यक्त किया ही नहीं जा सकता और इतने सूक्ष्म अणुओं का भी निर्माण किया है जिनकी सूक्ष्मता का अंदाज़ लगाना भी असंभव है। अपनी ही सृष्टि को स्वयं से ही बने प्राणियों द्वारा व्यक्त करने की अक्षमता को समझ कर ही उस सृजनकर्ता ने शायद हम इंसानों में वह बुद्धि दी, जिसके जरिए हम जितना जान पाते हैं उतना ही स्वयं के ज्ञान और विज्ञान को भी उन्नत कर लेते हैं। कम्प्यूटर की डेटा संग्रहण की क्षमता बिट्स और बाइट्स से लेकर आज टेरा-बाइट्स और टेरा-बाइट्स से योट्टा-बाइट्स तक का होना इसका एक उदाहरण हो सकता है। आने वाले समय में यह संग्रहण की क्षमता निःसंदेह इससे भी अधिक होगी। यदि इस बात को मानवीय विचारों के परिप्रेक्ष्य में सोचें तो किसी मानवीय विचार के किसी एक साहित्यिक विधा में पूरी तरह न दर्शा पाने पर अन्य विधाएं व उप-विधाएं अस्तित्व में आ सकती हैं। डेटा संग्रहण की क्षमता के समान ही भविष्य में भी न केवल विधाओं का परिष्करण होगा, बल्कि अन्य विधाएं भी मानवीय-वैचारिक शक्ति से उत्पन्न होंगी। यह बात

भी ध्यान देने योग्य है कि कम्प्यूटर में जैसे-जैसे डेटा संग्रहण की क्षमता बढ़ रही है, इस कार्य के उपकरणों का आकार छोटा होता जा रहा है। किसी समय की बड़ी-बड़ी हार्ड डिस्क से अधिक क्षमतावान आज छोटी सी पेन-ड्राइव है। यह भी हमारे विकास का एक स्वरुप है, ताकि हमारी संग्रहण क्षमता तो बढ़े ही, साथ ही भार भी कम हो।

लघुकथा भी साहित्य की अन्य विधाओं की तरह ही ऐसे विचारों को शब्द देने के लिए अस्तित्व में आई, जिन्हें अन्य किसी विधा में व्यक्त करना संभव नहीं था। यदि वे विधाएं उन विचारों को उपयुक्त तरीके से व्यक्त कर पातीं तो लघुकथा का जन्म ही नहीं होता।

यह विकास का क्रम आज का नहीं है, बल्कि वैदिक काल से विचारें तो सर्वप्रथम वेद कहे गए फिर वेदों का सार उपनिषदों में कहा गया और उपनिषदों का सार गीता में निहित है। केवल सार कह कर सब कुछ दर्शा देना गीता जैसे ग्रन्थ की सफलता है। इस क्रम से गद्य साहित्य की तुलना करें तो लघुकथा ने कहानी के सार को नहीं अपनाया बल्कि उससे स्वतन्त्र रही। रामेश्वर तिवारी ओ हेनरी, मुम्पासा और तुर्गनेव जैसे पश्चिमी लेखकों को लघुकथा का जन्मदाता मानते हैं, हालांकि साथ ही वे यह भी मानते हैं कि लघुकथा पश्चिमी पिताओं की अंगुली थामे चलना तो सीखी लेकिन स्वतंत्र हुई स्वयं का आधुनिक लघुकथा के नामकरण के बाद और इस स्वतंत्रता का श्रेय श्री तिवारी खलील जिब्रान को देते हैं (हिन्दी लघुकथा: सर्जना व समीक्षा, स. डॉ. सतीशराज पुष्करणा)। आज की लघुकथा बोधकथाओं, लोककथाओं, अवांतरणकथाओं, व्यंग्यकथाओं जैसी संक्षिप्त कथाओं से भिन्न है। यह गद्य-गीत, संस्मरण, रिपोर्ताज आदि भी नहीं है। इसका मूल कारण आधुनिक मानवीय विचारों में से कुछ का इन व अन्य विधाओं में व्यक्त करने में सक्षम न हो पाना ही था।

लघुकथा के गुण

लघुकथा का शाब्दिक अर्थ लें तो, कथा अर्थात कहना और लघु अर्थात संक्षिप्त। यह कहा जा सकता है कि संक्षिप्त रूप में अपनी बात कहना ही लघुकथा का विधागत ध्येय है। लेकिन रचनाकर्म इस विधा की अन्य विशेषताओं को ध्यान में रख कर करें तो ही लेखकीय ध्येय और पाठकीय संतोष प्राप्त हो सकता है। इसके विपरीत पाठकीय ध्येय को ध्यान में रखकर यदि लेखकीय संतोष पाया जाए तो यह चातुर्यपूर्ण लेखन साहित्य पर एक दबाव होगा। साहित्यिक लेखक को पाठकीय ध्येय की बजाय मानवीय-हितों के अनुसार ही लेखन करना चाहिए। कम से कम शब्दों को लेकर अपनी बात स्पष्ट कह पाठकों को अनुभूति की अपेक्षाकृत

अधिक घनी तीव्रता का अहसास कराने की क्षमता ही लघुकथा की सफलता है।

लघुकथा मनोरंजन नहीं करती बल्कि विचारों से टकराकर चेतना पर प्रहार करती है। मानसिक दृष्टि को तीक्ष्ण करती है और श्वासों में गहराई उत्पन्न करती है। राधेश्याम शर्मा कहते हैं कि, "लघुकथा सर्जन में दो भयस्थान हैं। या तो चुटकुला बन जाता है या छोटी कहानी। वस्तु, भाषा, लाघव आदि में से किसी भी एक में गलती हो जाए तो लघुकथा बिगड़ जाती है।" (कथासेतु, त्रिवेदी रमेश, लेख: वामन करावे विराटनी झाँखी, राधेश्याम शर्मा)

लघुता के अतिरिक्त लघुकथा में तीक्ष्णता, प्रभावोत्पादकता, संवेदना की अभिव्यक्ति, आधुनिकता-बोध, उद्देश्य, विषय, लाघवता व पल विशेष, कथानक, यथार्थ चित्रण, शिल्प, शैली, शीर्षक, पात्र, भाषा एवं संप्रेषण, संदेश / सामाजिक महत्व, न्यूनतम अतिशयोक्ति व सांकेतिकता जैसे गुण महत्वपूर्ण हैं।

आत्म-आलोचना: क्या, क्यों व कैसे?

भवानीप्रसाद मिश्र की एक कविता है - बुनी हुई रस्सी। उसमें वे कविता की एक रस्सी से तुलना करते हुए कहते हैं कि,

"मगर कविता को कोई

खोले ऐसा उल्टा

तो साफ नहीं होंगे हमारे अनुभव"

इसका मतलब जो मैं समझा हूँ, वह यह कि कविता कहने वाले के अतिरिक्त जब कोई अन्य कविता के विश्लेषण का प्रयास करता है तो वह उस कवि के सारे अनुभवों को नहीं समझ सकता। यह बात केवल कविता ही नहीं बल्कि हर सृजन पर लागू होती है। लघुकथा को भी कोई समीक्षक तब तक नहीं खोल सकता, जब तक वह उस लघुकथा में मौजूद उन अनुभवों से न गुज़रा हो, जिनसे रचनाकार गुज़रा है। किसी लघुकथा के शास्त्रीय पक्ष को एक समीक्षक हो सकता है कि अधिक अच्छी तरह समझा सके, लेकिन भावों और अनुभव को हो सकता है कि लेखक ही बेहतर तरीके से बता सके।

वरिष्ठ लघुकथाकार बलराम अग्रवाल के अनुसार "यह अब नई पीढ़ी का ही दायित्व है कि वह अपने चिंतन और लेखन का आकलन स्वयं करे।" यह बात मेरे अनुसार भी सच है। जब बरसात होती है तो सूखी धरती को जल मिलता है और हरियाली आती है, हालांकि यह अधूरा सत्य है, बारिश के समय गड्ढों में पानी जमा भी हो जाता है, मिट्टी में भी मिश्रित जाता है। यह चर्चा का विषय न बने, इससे पहले ही उसे हटा लेना चाहिए। इसी प्रकार लघुकथाओं के आज के आन्दोलन में यदि कुछ लघुकथाएं उनके रचनाकारों को ही असहज कर रही हैं तो लघुकथाओं की

ऐसी कच्ची फसलों को या तो पकाया जाए या फिर काट कर अन्य कामों में लिया जाए। उन्हें पकी फसल का दर्जा देकर लोहड़ी मनाने और नई फसल बो लेने का कार्य प्रारम्भ करने का अर्थ है - हमारे अपने आतंरिक संस्कारों की कमी। बहरहाल, यह सदैव ध्यान रहे कि सबसे बड़ा फिल्टर समय है।

समय अपना कार्य करता ही है, जो लघुकथाएं विधागत हैं अथवा उत्तम हैं, उन्हें योग्य मान अपने साथ भविष्य को ले जाता है और बाकी को पीछे छोड़ देता है। समय की तरह तो नहीं, किसी बड़े समीक्षक की तरह भी नहीं, एक पाठक और लेखक की तरह ही यदि हम स्वयं ही अपनी रचनाओं के लिए फिल्टर हो जाएं तो एक हद तक खरपतवार को उगने से रोक सकते हैं। अर्थात // अपने चिंतन और लेखन का आकलन स्वयं करें।// (बलराम अग्रवाल)।

एक रचनाकार और एक समीक्षक का विधागत चिंतन समान होते हुए भी दोनों की दृष्टि भिन्न होती है। एक रचनाकार जहां अपने लेखन के प्रति अधिक समर्पित होता है, समीक्षक विधा के शास्त्रीय पक्षों व तकनीकी आधारों के प्रति। एक सॉफ्टवेयर प्रोग्रामर अपना कार्य कर लेता है और उस सॉफ्टवेयर की अपने अनुसार टेस्टिंग भी कर लेता है, जिसे अल्फा टेस्टिंग कहते हैं। हालांकि उसके बाद भी टेस्टिंग के लिए अलग से एक व्यक्ति रखा जाता है, जो यह कार्य निःसंदेह सॉफ्टवेयर प्रोग्रामर से अधिक दक्षता से करता है। कहना न होगा, किसी सॉफ्टवेयर की सबसे अच्छी टेस्टिंग तब होती है जब उस सॉफ्टवेयर को वास्तविक प्रयोक्ता प्रयोग में लेता है। इस प्रक्रिया में यदि सॉफ्टवेयर प्रोग्रामर पहली टेस्टिंग में ही कमियाँ निकाल ले तो आगे के कार्य आसान हो जाते हैं।

एक सॉफ्टवेयर निर्माण की भांति ही प्रत्येक रचनाकार को भी अपनी रचना की अल्फा टेस्टिंग करनी चाहिए। इस कार्य में भी वे रचनाकार सम्मिलित हुए हैं, जिन्होंने अपनी रचना की अल्फा टेस्टिंग गहनता से की। कुछ प्रबुद्धजन (साहित्यकार और सॉफ्टवेयर डवलपर दोनों ही) हो सकता है कि समीक्षा की सॉफ्टवेयर टेस्टिंग से तुलना पर एतराज़ करें, लेकिन प्रक्रिया की समानता से इनकार नहीं कर सकते।

यह माना जाता रहा है कि समीक्षक के पैर में लेखक का जूता फिट बैठना चाहिए। इसी प्रकार मैं यह भी मानता हूँ कि लेखक की कलम में कुछ स्याही समीक्षक की भी होनी चाहिए। अपने ही कार्य की समीक्षा करते समय रचनाकार तटस्थ तब तक नहीं रह सकते, जब तक उनका रचना के प्रति मोह समाप्त न हो जाए। इस हेतु अपना रचनाकर्म कर लेने के पश्चात कुछ दिनों तक रचना को बिना छुए रख देना चाहिए और उस अंतराल के पश्चात फिर पढ़ना चाहिए। निःसंदेह

अधिकतर रचनाकारों का यह पूर्व में ही अनुभव होगा कि इससे रचना बेहतर होने में सहायता मिलती है। साथ ही स्व-आकलन भी अपेक्षाकृत उचित होता है।

आत्म-आलोचना की प्रक्रिया:

- प्रथम ड्राफ्ट लिख लेने के पश्चात अपनी रचना को कुछ दिन छोड़ दें। उसे पढ़े नहीं।
- परिस्थितियों और अपनी मानसिकता के अनुसार कुछ समय (यह समय एक सप्ताह भी हो सकता है, एक महिना भी और अधिक भी) व्यतीत हो जाने के पश्चात उस रचना को पुनः पढ़िए और अपनी दृष्टि समीक्षक (जिस सीमा तक हो सके) व पाठक की रखिए। हाँ! इस रचना के प्रथम ड्राफ्ट की कॉपी कहीं सुरक्षित रखना न भूलिए।
- उस रचना में जो भी आलोचनात्मक विचार समझ में आ रहे हैं, यदि तुरंत सुधर जाने वाले हैं तो सुधार दीजिए अन्यथा उनकी सूची बना लीजिए।
- यदि आपके अनुसार रचना में कोई विकृति मौजूद है तो उस पर तर्कसंगत विचार कीजिए। इन तर्कसंगत विचारों को भी पर्याप्त समय दीजिए।
- यदि कोई आत्म-आलोचना अति नकारात्मक भाव उत्पन्न कर रही है तो उसे त्याग दें।
- रचना को अपने तर्कसंगत विचारों के निष्कर्ष के अनुसार परिष्कृत करें।
- यदि परिष्करण के पश्चात भी लेखकीय संतुष्टि नहीं मिल रही है तो उपरोक्त प्रक्रिया को दोहरा सकते हैं।
- यदि दोहरावों के पश्चात भी संतुष्टि नहीं मिल रही है तो आप रचना को स्वयं के अनुसार ही अयोग्य घोषित कर सकते हैं।

इस कार्य में लघुकथाकारों द्वारा की गई आत्म-आलोचना

आत्म-आलोचना इस तरह का शब्द है जैसे किसी व्यक्ति को उसी व्यक्ति द्वारा किसी कारण से एक अलमारी के हेंगर में टांग कर दरवाज़ा बंद कर दिया जाए। आत्म-आलोचना करने में दम भी घुट सकता है और हेंगर में टंगने वाली परेशानी भी झेलनी पड़ सकती है। हालांकि, एक समय पश्चात आत्म-आलोचना अधिकतर बार अन्यत्र-प्रशस्ति का कारण बन जाती है।

इस कार्य में प्राप्त रचनाओं में लघुकथाकारों ने जिन कमजोरियों का जिक्र किया है वे कमजोरियां कथ्य, प्रस्तुति. सन्देश, उद्देश्य, भावपक्ष, अधपकी, एक तरफा, शीर्षक, सपाट बयानी, कसावट, कालखंड, समसामयिकता, तर्कसंगत,

अधिक हास्य की उपस्थिति, वर्णन सरीखी, समाधान न होना, पढ़ते समय भ्रम की संभावना, विषय के सीमित ज्ञान, लाघवता, शिल्प, विषय, शैली, अंत, काल्पनिकता, संवेदनशीलता, अधिक पात्र, अस्पष्टता, अँग्रेज़ी का अधिक प्रयोग, बहुआयामी, पात्रों के नामों का उल्लेख नहीं कर पाने, कलात्मकता, कथारस, सम्प्रेषण, भाषा, सत्यकथा जैसी, ठीक से उभार न पाने, रचना के विभिन्न भागों में असाम्यता, अस्वाभाविकता, लेखकीय प्रवेश, कहानी सरीखी, अर्थ समझाने की ज़रूरत हो जाने, प्रतीकात्मक लघुकथा लिखने के असफल प्रयास, सुष्ठु करने पर भावों के न उभर पाने तथा विस्तार करने पर कमजोर हो जाने, पात्रों का चरित्र चित्रण हो जाने, धारदार संवाद न होने तथा शब्दों की मितव्ययिता पर ध्यान नहीं दिए जाने की हैं। कुछ रचनाकारों ने स्वयं संतुष्टी न पाना भी कहा है। कुल मिलाकर यह कहा जा सकता है कि लेखकीय संतुष्टि न पाने का कारण रचना की कमज़ोरी भी हो सकती है और लघुकथाकारों का अंतर्मन भी। हालांकि यह सर्वोत्तम है कि लघुकथाकार अपनी रचनाओं की कमजोरियों पर चर्चा करने को न केवल सहमत बल्कि उत्सुक भी हैं। यह एक सत्य है कि किसी ज्ञान का न होना इतनी लज्जा की बात नहीं, जितना उस ज्ञान को सीखने के लिए तैयार न होना। यह कार्य भी कुछ जानने की दिशा में एक कदम है, दिशा सही है या नहीं यह निर्णय तो पाठक करें। हालांकि, यह बात भी कम मूल्यवान नहीं हैं कि लघुकथाकार आत्म-आलोचना करने में हाथ पर हाथ धरकर बैठे नहीं हैं।

दुर्बलताओं का सबल पक्ष

यदि स्वत्व अस्मिता का द्योतक है तो स्व-आलोचना अस्मिता रक्षण का पर्याय है। इसी बात का एक अन्य पहलू यह भी है कि अस्मिता के रक्षण में यदि अहम् के संघर्ष भी करना पड़े तो कम से कम एक बार उस पर विचार ज़रूर करना चाहिए। आलोचना बाईबल, गीता और कुरान की भी होती है, लेकिन ये ग्रन्थ दुर्बल हैं नहीं। यह सत्य है कि कोई भी रचना केवल दुर्बल नहीं हो सकती, उसमें कुछ-न-कुछ सबल पक्ष मौजूद ही होते हैं। जहां तक धार्मिक ग्रंथों की बात है, हिन्दू धर्म ने आलोचनाओं को सदैव सकारात्मक रूप में लिया है और उसका विश्लेषण कर स्वयं में सुधार भी किया है। उदाहरणस्वरुप भगवान कृष्ण ने इंद्रपूजन के बजाय गोवर्धन पूजन की परम्परा प्रारम्भ की, गीता में स्वयं को मनु की संतान मानने वालों को उनका आत्मा रूप बताया और तब से लेकर आज तक हिन्दू समाज में इन सभी परिष्करणों का स्वागत भी हुआ। मेरे अनुसार अपनी दुर्बलताओं को स्वयं ज्ञात कर उनको न दुहराने से बड़ा किसी भी दुर्बलता का सबल पक्ष नहीं हो सकता। दुर्बलताओं के साथ सबलता सदैव विद्यमान होती है। इस कार्य में शामिल सभी

रचनाकारों ने अपनी लघुकथा की कमजोरियों पर स्वयं टिप्पणी की है। हम सभी यह जानते ही हैं कि जो पक्ष लघुकथा को दुर्बल कर रहे हैं, वही पक्ष यदि उचित हो जाएं तो वे लघुकथा को सबल भी करते हैं। यह भी एक सत्य है कि कोई भी रचना न तो पूरी तरह से दुर्बल हो सकती है और न ही पूरी तरह से सबल। ईश्वर ने भी जितनी सृष्टि की है, सभी को कुछ सबल तो कुछ दुर्बल बनाया है। किसी दुर्बल लघुकथा का अध्ययन कर उन संभावनाओं को भी ज्ञात किया जा सकता है, जिससे वह रचना तथा भविष्य के रचनाकर्म बेहतर हो सकें। यह सब ध्यान में रखकर ही प्राप्त लघुकथाओं की सबलता और संभावनाओं पर बात करने का विचार आया, जो कि मेरे अनुसार निम्न है:

सर्व आदरणीय

अंजली खेर की लघुकथा नई शुरूआत में उचित सम्मान देकर उचित सम्मान पाना व समय व्यतीत करने के लिए बेकार की बातों को न अपनाना दर्शाया गया है, सोशल मीडिया के आज के काल में ऐसे विषय पर रचनाकर्म आवश्यक है।

एक जाना-पहचाना श्लोक है, येषां न विद्या न तपो न दानं ज्ञानं न शीलं न गुणो न धर्मः। ते मर्त्यलोके भुविभारभूता मनुष्यरूपेण मृगाश्चरन्ति।। इस श्लोक में एक विचार यह भी निहित है कि जो व्यक्ति दान नहीं करता वह मनुष्य रूप में पशु समान है। अंजू खरबंदा की लघुकथा संकल्पसिद्धि में पुरातन संस्कृति का वर्णन कर देहदान के लिए जागरूक किया गया है। मेरे अनुसार और बकौल लेखिका भी यह विषय उत्तम विषयों में से एक है।

अनिल नानकराम मकरिया की लघुकथा झूठी ख्वाहिशें में मुहावरे // पत्नी को बोले हुए हर एक झूठ के एवज में पति के सिर का एक बाल झड जाता है//, का प्रयोग काफी अच्छा हुआ है। यही रचना का केंद्र बिंदु भी है।

अनीता मिश्रा "सिद्धि" की लघुकथा जन्म-दिन का विषय यथोचित है। इसे तुलनात्मक शैली में लिखें तो इस लघुकथा में बेहतर होने की संभावना है।

अर्चना तिवारी सक्षम लेखिका हैं। उनकी लघुकथा पारुल में भाषा की गलतियां नजर नहीं आईं। इसके अलावा अंतिम पंक्ति जो प्रश्न छोड़ रही है, वह भी विचारणीय है। विषय व कथानक भी अच्छा है। पढने से यह भी प्रतीत होता है कि इस लघुकथा पर पर्याप्त समय दिया गया है।

अर्विना की लघुकथा रेत में धसा प्यार में उन्होंने कुछ स्थानों पर समसामयिक (वैज्ञानिक) भाषा का प्रयोग किया है। जो कि आज के लघुकथाकारों के लिए भी अनुकरणीय है।

आशीष दलाल की लघुकथा पति और पिता में जिस प्रकार से कम-से-कम शब्दों का प्रयोग कर अपनी बात स्पष्ट की गई है, वह समुचित प्रतीत हुआ। रचना का कथानक एक ऐसा कथानक है, जिसमें कुछ शब्दों को बढ़ा कर और कुछ को कम कर इसे बेहतर किया जा सकता है।

उदय श्री ताम्हणे की लघुकथा संतोष का कथानक उत्तम है। रचना थोड़े परिवर्तन के पश्चात प्रकृष्ट हो सकती है।

जर्मन दार्शनिक फ्रेडरिक निएत्ज़्स्चे ने एक बार कहा था कि, "अपवित्र बनाने के लिए एक ऐसा समुद्र होना चाहिए, जिसमें प्रदूषित धारा को बहाया जा सके"। इसी समसामयिक विषय पर ओमप्रकाश क्षत्रिय 'प्रकाश' की लघुकथा गंगा में कुछ शब्दों का चयन बहुत बढ़िया है जैसे 'ग़लीज़'।

कनक हरलालका की लघुकथा धार्मिकता की यह पंक्ति //खाक उन्नत रहेगा वह देश..। जहां दया और दान न हो वहां धर्म कैसे टिकेगा// ऐसे शब्दों से निर्मित हुई है, जिस पर एकाधिक अच्छी रचनाएं कही जा सकती हैं। यह पंक्ति, मेरे अनुसार, रचना का सबसे सशक्त भाग है।

कल्पना भट्ट की लघुकथा रिश्ता में भाषा आज की पीढ़ी के अनुसार प्रयोग की गई है।

कविता वर्मा की लघुकथा अंतहीन महाभारत का शीर्षक न सिर्फ कलात्मक और आकर्षक है वरन पूरी रचना का एक दर्पण भी है। शीर्षक का निर्वाह सम्पूर्ण रचना में अच्छी प्रकार हुआ है।

चेतना भाटी की लघुकथा सहानुभूति में मानवीय संवेदनाओं पर हावी स्वार्थ को निशाना बनाया गया है, यह स्थिति हम कई स्थानों पर पाते हैं, संभवतया अपने भीतर भी। ऐसे विषयों पर सृजन होना चाहिए।

लघुकथा की ख्यातनाम हस्ती जगदीश राय कुलरियाँ की लघुकथा फर्क का शीर्षक रचना के कथानक का प्रतिबिम्ब है। शब्द बहुत कम हैं लेकिन कथा स्पष्ट है।

डॉ लता अग्रवाल की लघुकथा आचरण का विषय और शब्दों की लाघवता उचित है। इस रचना में कोई प्रतीक जैसे फ़ाइल का प्रयोग कर अपनी बात कहें तो इसके अपेक्षाकृत अधिक रुचिकर होने की संभावना है।

विद्यापति ने कहा था कि 'देसिल बअना, सब जग मिट्ठा' अर्थात अपने देश की भाषा सभी को मीठी लगती है। डॉ. अंजु लता सिंह की लघुकथा उदयास्त का शीर्षक और आंचलिक भाषा का प्रयोग अच्छा हुआ है।

डॉ. इंदु गुप्ता की लघुकथा सफीना और साहिल में निःसंदेह कथातत्व का अभाव है, लेकिन जो विषय है उसमें मुझे एक अवसर यह समझ आ रहा है कि सूचना के अधिकार का दुरुपयोग भी हो रहा है। कई व्यक्ति आरटीआई एक्टिविस्ट के नाम से ब्लेकमेल भी कर रहे हैं, जिससे भ्रष्टाचार एक से अधिक स्थानों पर फ़ैल रहा है। इस लघुकथा को बढ़ा कर यह बात भी बताई जा सकती है।

वरिष्ठ लघुकथाकारा कमल कपूर की लघुकथा गंदी में शिल्प की सुघड़ता, भाषा, वाक्य-विन्यास और विषय की स्पष्टता किसी भी अन्य अच्छी लघुकथा के समान ही है। लघुकथा का प्रारम्भ और अंत भी बेहतर तरीके से किया गया है।

डॉ. कुमारसम्भव जोशी की लघुकथा असतो मा सदगमय में भाषा, शिल्प व शीर्षक आकर्षित करता है।

लेखन शैली किसी लेखक के शब्दों को समझने का तरीका होता है। अपनी खुद की अनूठी लेखन शैली विकसित करने पर लेखन में स्वतः ही निखार आता है। डॉ. क्षमा सिसोदिया की लघुकथा भावनाओं का संबल में लेखिका ने अपनी बात एक नए तरीके से कही है।

डॉ. रामकुमार घोटड़ की लघुकथा पुनर्गठन एक विशिष्ट शिल्प की रचना है। इसके अतिरिक्त इसमें प्रतीकों के उपयोग का तरीका भी प्रभावी है।

डॉ. शैल चन्द्रा की लघुकथा मदर्स-डे का अंत पाठकों को चिंतन के लिए मजबूर कर देता है।

डॉ. संध्या तिवारी अपनी पीढी में बेहतरीन लघुकथाकारों में स्थान रखती हैं, उन की लघुकथा ध्वनि-जेहाद का शीर्षक और अंत में शीर्षक के अर्थ का प्रकटीकरण विशेष रूप से चर्चा करने योग्य है।

डॉ. सरला सिंह स्निग्धा की लघुकथा अपना कौन? अपने पाठकों के लिए एक प्रश्न छोड़ रही है, जो कि मेरे अनुसार इस रचना की शक्ति है।

दिव्या शर्मा की लघुकथा पानी का भविष्य का विषय अच्छा है और कथ्य का निर्वाह भी रुचिकर है। यह रचना भी उत्तम होने की संभावनाओं से युक्त है।

नीता सैनी की लघुकथा अन्धविश्वास का विषय समसामयिक है। अपने प्रियजनों को गलत लोगों, चाहे वे किसी भी वेश में क्यों न हों, से बचाना हमारा कर्तव्य है। कथ्य का निर्वाह भी ठीक ही है, कुछ कसावट और समय देकर इसे बेहतर किया जा सकता है।

नीलिमा शर्मा की लघुकथा बड़ी वाली लेखिका में कहन का अंदाज़ बढ़िया है। इस पर कुछ दिन और कार्य करें तो बेहतर होने की संभावना है।

पम्मी सिंह 'तृप्ति' की लघुकथा लोग तो वही हैं का भी शीर्षक आकर्षित करता है।

पदम गोधा की लघुकथा नाम में क्या रखा है का शीर्षक और भाषा बढ़िया हैं।

पम्मी सिंह 'तृप्ति' की लघुकथा लोग तो वही हैं का भी शीर्षक आकर्षित करता है।

पूनम झा की लघुकथा धरती पुत्र का शीर्षक पुराने शब्द होने के बावजूद भी आकर्षक है। साथ ही क्षेत्रीय भाषा का प्रयोग इस रचना को रुचिकर बना रहा है।

पूनम सिंह की लघुकथा भ्रम में शिल्प अच्छा है में यदि कहीं-कहीं भाषा व कुछ कसावट को भी ठीक कर दें तो शिल्प बेहतर लघुकथाओं की श्रेणी का हो सकता है।

प्रतिभा श्रीवास्तव अंश की लघुकथा मासूम सवाल के विषय चुनाव उत्तम है और निर्वाह बेहतर किया जा सकता है।

मनोरमा जैन पाखी की लघुकथा घायल भविष्य का शीर्षक और अंत अच्छा है।

मनोरमा जैन पाखी की लघुकथा स्वाभिमान को थोड़ी कसावट और कुछ अन्य शब्द देकर बेहतर किया जा सकता है।

माधव नागदा वरिष्ठ और उत्तम लघुकथाकार हैं। आपकी लघुकथा पुरुष एजेंडा का सबसे सबल पक्ष मुझे इसका शीर्षक लगा। यह न केवल सार्थक है बल्कि रचना को भी दर्शा रहा है व कलात्मक भी है।

मिन्नी मिश्रा की लघुकथा नारी एक रूप अनेक के अंत में जो सकारात्मकता निहित है, वह स्त्री का वह रूप बता रही है जो दासी से रानी की तरफ उन्मुख कर रहा है। यह रचना कार्येषु दासी से करणेषु मंत्री को दर्शा रही है। स्त्री के मौलिक गुण, हालांकि उपदेशात्मक तरीके से हैं, लेकिन यह एक अच्छी बात बताई गए हैं।

मीरा जैन की लघुकथा पक्का इरादा में विश्वास पर खरा उतरने का सन्देश दिया गया है। मैं कुछ अपवादों को अपनी बात से अलग कर दूं तो भी, इन दिनों कहीं अधिक विश्वास कई बार टूट जाता है। यह सन्देश कि जो हम पर विश्वास करता है, उसका विश्वास बनाए रखें और उसके लिए अपनी श्रद्धा को व्यक्त करना इस लघुकथा की सबलता है।

लघुकथा का स्वर अनुकूलनीय हो तो बेहतर, मृणाल आशुतोष की लघुकथा गरीबी में आप यह पा सकते हैं, इसका भाषा और शिल्प बढ़िया है।

मृणाल आशुतोष की लघुकथा प्रतिध्वनि एक कसी हुई लघुकथा है। हालांकि यदि कुछ पंक्तियाँ और जोड़ दी जाएं तो यह रचना बहुत अच्छी हो सकते है क्योंकि कथानक में दिखावे के स्थान पुत्र का प्रेम/अप्रेम अधिक उभर रहा है और उभर रहा विषय ही मेरे अनुसार इस रचना को उत्तम बना सकता है।

लघुकथा के सशक्त हस्ताक्षर योगराज प्रभाकर की लघुकथा लेफ़्ट-राइट में भाषा व रचना का प्रवाह उनके व्यक्तित्व के अनुकूल ही है। रचना में उनके द्वारा बताई कमजोरियों के अतिरिक्त, जितना सम्पादन वे अन्य लघुकथाकारों की रचनाओं को बेहतर बनाने के लिए करते हैं, उतना इस रचना की भाषा व प्रवाह में भी झलक रहा है।

रजनीश दीक्षित की लघुकथा खोखला में भाषा और कथ्य का निर्वाह काफी अच्छा है। इस रचना में उत्तम होने की बहुत संभावनाएं मौजूद हैं।

राहिला आसिफ़ खान की लघुकथा में अंत में जो विक्षिप्तता दिखाई गई है वह इस रचना को बेहतर बना सकती है, थोड़ी कसावट के बाद इसका प्रवाह भी उत्तम श्रेणी में आ सकता है।

लक्ष्मी मित्तल की लघुकथा पंखों वाली लड़की एक रुचिकर और पठनीय लघुकथा है।

वंदनागोपाल शर्मा "शैली" की लघुकथा धन्यवाद का सार इस पंक्ति में निहित है कि //धन्यवाद शब्द अपने-पराए का भेद बताता है//। यह एक नवीन विषय है।

वन्दना पुणतांबेकर की लघुकथा सफाई में विषय अच्छा है। वृद्ध की विवशता भी एक हद तक समुचित रूप से बताई गई है।

विभा रानी श्रीवास्तव वरिष्ठ लघुकथाकारा हैं और उन्होंने कई उत्तम श्रेणी की रचनाएं कही हैं, उनकी लघुकथा अन्त भला तो... में उक्ति //"बेचे थाको विद्यासागर चिरजीबी होए"// का प्रयोग बहुत ही बढ़िया तरीके से किया हुआ है।

विरेंदर 'वीर' मेहता की लघुकथा मृत्युलोक-आसक्ति में कथानक, कल्पना और भाषा काफी बढ़िया हैं।

शशि बंसल गोयल की लघुकथा निवाला में क्षेत्रीय भाषा का प्रयोग अच्छे तरीके से किया गया है।

शील कौशिक की लघुकथा अनर्गल प्रलाप के बीच के अंतिम पैरा की कुछ पंक्तियाँ हटा दी जाएं और थोड़ी कसावट की जाए तो यह एक अच्छी लघुकथा बन सकती है।

शेख़ शहज़ाद उस्मानी की लघुकथा जस्ट कीप ऑन ...! में कुछ शब्दों का प्रयोग अच्छा लगा जैसे 'रिलेक्सासन' व 'पर्यटन-तीर्थ-स्थल'। इन्हें लेकर अन्य रचनाकर्म भी किया जा सकता है।

शोभना श्याम की रचना क्लास वन ऑफिसर का कथानक और विषय काफी अच्छा है। इस रचना में बेहतर होने की अपार संभावनाएं भी मौजूद हैं।

सत्या शर्मा 'कीर्ति' की लघुकथा आईने के पीछे का सच का विषय और शीर्षक उत्तम है।

सारिका भूषण की लघुकथा गांव की याद में पाठकों को ग्रामीण जीवन पर केन्द्रित करने का प्रयास है। इस रचना का विषय अच्छा है।

सीमा भाटिया की लघुकथा पासपोर्ट में एक विशिष्ट विषय को कहा गया है।

सुरेन्द्र कुमार अरोड़ा की लघुकथा सिलसिला के प्रथम दो अनुच्छेदों का शिल्प और प्रवाह बढ़िया है।

<u>उपसंहार</u>

हमें अपने अतीत से सीखना चाहिए, वर्तमान का सदुपयोग करना चाहिए और भविष्य के प्रति आशावान रहना चाहिए। यह कार्य करने से पूर्व मैं इस कार्य के भविष्य के प्रति न सिर्फ आशावान बल्कि आश्वस्त भी था। इस लेख के लिखने से लेकर आपके पढ़ने तक यह पुस्तक वर्तमान है, जिसका सदुपयोग हो सकता है और कुछ समय पश्चात् यह अतीत का भाग बन जायेगी और कम से कम यह सिखाने में तो सक्षम होगी कि किसी लघुकथाकार को अपनी लघुकथाओं का स्व-आकलन कर उसकी दुर्बलताओं पर चर्चा करनी चाहिए अथवा नहीं।

कमज़ोर लघुकथाएं

4

अंजली खेर

नई शुरूआत

सिमि रोज़ाना पति-पत्नी पर बनाएं गए चुटकुलों के मज़े लेते हुए व्हाट्सअप पर दूसरे समूहों के साथ शेयर किया करती और कभी कभार चुटकियां लेकर अपने पति समीर को भी सुनाया करती। इन चुटकुलों में पत्नियों की गप्पबाज़ी करने की आदतों, एक- दूसरों की बुराइयां करना, शॉपिंग के प्रति दीवानगी, गाहे-बगाहें ब्यूटीपार्लर जाने की आदत, हमेशा दूसरों के कामों में नुस्ख निकालने और पतियों का शादी के बाद पछताना आदि कई तरह के जुमलों से पत्नियों का मज़ाक बनाया जाता। एक बार समीर ने उससे पूछा, ये मैसेज़ तुमको किसने भेजा हैं, सिमि कहती- कौन भेजेगा, मेरी सहेली नमिता ने ही भेजा है।

एक शाम समीर के ऑफिस से घर आते ही सिमि बोलने लगी – समीर जानते हो आज क्या हुआ, वो नमिता हैं ना, आज उसकी उसके पति से बहुत ज्यादा झडप हो गई।

कौन नमिता\ वही व्हाट्सअप मैसेज वाली \ – समीर ने पूछा अरे हां, उसके पति ने किसी बात को लेकर काम वाली बाई के सामने उसको जम के डांट लगाई, मुझे बताते समय वो खूब रोई। अब बताओ दूसरों के सामने अपनी पत्नी को डांटना, सरेआम उसकी बेइज्जती नहीं हैं क्या\ - सिमि बोली सिमि एक बात कहूं, बुरा मत मानना, जो अपनी इज्जत खुद ही नहीं करता, उसकी कैसी बेइज्जती – समीर बोला

क्या मतलब है तुम्हारा \ – सिमि तीखे शब्दों में बोली पति-पत्नी के जिन चुटकुलों को पढ़कर तुम लोग हँसते और एक-दूसरे को शेयर करते हो जिनमें पति को पत्नियों से प्रताड़ित बताया गया हो, क्या ये तुम लोगों के लिए बहुत गर्व की

बात हैं। एक बात याद रखना सिमि, दूसरों से मान पाने के अधिकारी वो ही होते हैं जो खुद का सम्मान करना जानते हो।

विचारों में खोई सी सिमि ने तुरंत अपना मोबाइल उठाकर ''सखी-सहेली'' समूह के उक्त सारे चुटकुले हटा दिए

<u>लेखक/लेखिका के अनुसार दुर्बलता</u>

ये लघुकथा मैंने तीन वर्ष पहले वर्ष 2017 में लिखी थी जब मुझे लघुकथा के मापदंड़ों का ज्ञान नहीं था। मेरी उक्त लघुकथा में कसावट नहीं हैं, कालखंड दोष भी हैं इसी वज़ह से मैंने इसे प्रकाशनार्थ कहीं भी नहीं भेजा।

5

अंजू खरबंदा

संकल्पसिद्धि

बीप बीप !

सर्दियों की गुनगुनी धूप में गर्मागर्म चाय का आनन्द लेते हुए अखबार पर नजरें गढ़ाए राधेश्याम जी का ध्यान वाट्स अप पर आए मेसेज की ओर गया।

ओह ! पारिवारिक सदस्य दीनानाथ जी की मृत्यु का समाचार था। साथ ही बाकी की डिटेल्स भी।

राधेश्याम जी ने मन ही मन उनकी आत्मा की शांति के लिये प्रार्थना की। दीनानाथ जी से की गई हँसी ठिठोली, सामजिक विचार विमर्श और जाने क्या क्या दृष्टिगोचर हो उठा, मन गहरे तक व्यथित हो उठा। बची हुई चाय पीने का मन भी न हुआ।

ध्यान वापिस अखबार की ओर लगाने की कोशिश की तो अचानक एक कॉलम पर जाकर नजर अटक गई।

देहदान का अर्थ है 'देह का दान' अर्थात किसी उत्तम कार्य के लिये अपना शरीर दे देना। ऋषि दधीचि ने अपना शरीर इसलिए त्याग दिया था ताकि उनकी हड्डियों से धनुष बनाया जा सके जिससे दैत्यों का संहार हो सके। राजा शिवि ने कपोत को बचाने के लिए अपने शरीर को प्रस्तुत कर दिया था। अनेक समुदायों में देह को नदी में प्रवाहित करने की परंपरा है, ताकि पानी में रहने वाले विभिन्न जीवों को आहार उपलब्ध हो सके।

राधेश्याम जी ने एक पल को आँखें बंद की और अपना सिर कुर्सी पर टिका लिया, उनका दिल और दिमाग किसी मंथन में उलझा रहा।

अगले ही पल संकल्प की चमक उनके चेहरे पर उभरी और वह फोन उठाकर देह दान फॉर्म सर्च करने लगे।

<u>लेखक/लेखिका के अनुसार दुर्बलता</u>

इस लघुकथा का विषय मुझे बहुत पसंद आया पर फिर भी कोई कमी लग रही है! उपदेशात्मक है और प्रस्तुतीकरण अप्रभावी है।

6

अनिल नानकराम मकरिया

झूठी ख्वाहिशें

"देखो!... शालू बीस साल से तुम्हारी ख्वाहिशें पूरी करते-करते मेरे सिर के सारे बाल उड़ गए...अब यह आखिरी बाल बचा है।"

चंदर आईने के सामने खड़ा अपने चाँद पर खड़े आखिरी आर्मस्ट्रोंग को देखते हुए बोला।

"अब बताओ तुम्हारी आखिरी ख्वाहिश क्या है?" चंदर ने शालू से कुछ यूँ पूछा जैसे मौत की सजा पाए अपराधी से जल्लाद पूछता है।

"मैंने तो सुना है की पत्नी को बोले हुए हर एक झूठ के एवज में पति के सिर का एक बाल झड जाता है!...चलो सच बताओ अबतक तुमने मुझसे क्या-क्या झूठ बोला है?"

शालू ने भी आखिरी बाल को आज ही शहीद करने की ठान ली थी।

"अब अगर यही तुम्हारी आखिरी ख्वाहिश है तो सुनो... मैंने तुमसे कभी भी कोई झूठ नहीं बोला है... शालू!"

अपने चिकने सिर पर हाथ फेरते हुए चंदर शान से बोला।

फिसलन पट्टी पर फिसलता हुआ चंदर का हाथ अपने साथ आखिरी ख्वाहिश या झूठ का वह बाल भी ले आया जिसमें चंदर और शालू की जिंदगी का ये खुशनुमा पल दर्ज था।

<u>लेखक/लेखिका के अनुसार दुर्बलता</u>

मैंने यह लघुकथा 2017 के आखिरी महीने में लिखी थी।

"

उन दिनों या फिर बाद के वर्षों में जरूर मैंने कुछ फेसबुक समूहों अथवा अपनी वॉल पर यह लघुकथा प्रेषित की होगी लेकिन इस रचना में निहित एक खास कमजोरी के सबब आज तक मैं किसी पत्र-पत्रिका, अख़बार या वेबसाइट पर प्रकाशन के लिए भेजने का मन नही बना पाया हूँ।

हालांकि उस वक्त जब मैंने यह लघुकथा लिखी थी तब मेरा लघुकथा बाबत ज्ञान एवं अभ्यास सीमित रहा होगा लेकिन बाद में जब मैंने इस कमी के बारे में जाना तो मुझे लगा कि मुझे इंतजार करना चाहिए, तबतक जबतक इस प्रकार की और अधिक लघुकथाएं नही लिखी जाती या फिर इस प्रकार की लघुकथाओं की सार्थकता व उद्देश्यपूर्ति के बारे में वरिष्ठ लघुकथाकारों एवं लघुकथा विशेषज्ञों में कोई आम सहमति नही बन जाती।

मेरे ख्याल से इस लघुकथा की वह सबसे बड़ी कमजोरी इसका हास्य कथा होना है क्योंकि लघुकथा एक गंभीर संदेश देने वाली और विसंगतियों पर लिखी जाने वाली विधा है, तो इस विधा में व्यंग्य की उपस्थिति तो हो सकती है लेकिन लघुकथा में विशुद्ध हास्य की मौजूदगी, मेरे विचार से लघुकथा के मूल उद्देश्यों से इतर एक विचलन ही दर्शाएगी।

अगर गौर किया जाए तो इस लघुकथा का मूल स्वरूप (शिल्प एवं कथ्य) बिगाड़े बिना इस कमजोरी को सुधारा भी नही जा सकता।

हो सकता है मेरे इन विचारों से कई लेखक या पाठक इत्तेफाक न रखते हों और इसीलिए मैंने पहले ही अपने विचारों को लचीला बनाते हुए लिखा है कि 'मुझे इंतजार करना चाहिए तब तक जब तक इस विधा में इस तरह की और लघुकथाएं नही लिखी जाती।'

इस लघुकथा में मुझे तो अब तक यही एक बड़ी और उल्लेखनीय कमजोरी नजर आई है अगर प्रबुद्ध लेखकों अथवा पाठकों को कोई और कमजोरी या कमी दिखाई पड़ती है तो अवश्य मुझे बताएं क्योंकि यह लघुकथा चाहे मेरी नजर में कमजोर हो लेकिन मैं इसे अपनी शुरुआती लघुकथा के रूप में सहेजकर ही रखना चाहूंगा।

7

अनीता मिश्रा "सिद्धि"

जन्म-दिन

मिसेज सिंह के फ्लैट में आज काफी चहल -पहल दिख रही थी। सुबह से ही सजावट फूलों से और बल्बो से की जा रही है।

" आप सुनो इधर सुन्दर से टेबल सजाना, केवल गुलाबी गुलाब से '"। सिंहजी ने फूल वाले से कहा।

सोनी सोच रही थी ---- कैसे माँ को बताऊँ की आज मुझे अपने दोस्त के घर जाना है, पापा काफी दिनों से बीमार चल रहे थे।

छोटी सी कंपनी में नोकरी करते थे, बीमारी की वजह से वो भी छूट गयी।? किसी तरह

माँ बचे पैसे से बुटीक में सिलाई कर

घर का खर्चा और मेरी फ़ीस भरती है।

नीता और सोनी दोनों अच्छी सखियाँ थी।

साथ ही स्कूल में पढ़ती थीं।

नीता ने उसे बुलाया था "जन्म-दिन" की पार्टी में।

शाम के 5 बज रहे थे सोनी माँ का इंतजार कर रही थी, पापा पास ही बिस्तर पर लेटे थे।

सोनी पापा के पीले चेहरे को देख रही थी।

" कुछ खाने को दो बेटी भूख लगी है "।

"जी देती हूँ " सोनी ने कहा।

रसोई में खाने के लिए कुछ भी नहीं था, महीने की अंतिम तारीख थी।

डब्बे में थोड़ी सी सूखे मेवे थे लाकर उसने पापा को दिए और बोली पापा आज माँ

घर का राशन ले आएगी पगार मिलने पर।

" कौन सा गिफ्ट ले जाऊँ " वो तो बहुत पैसे वाली है उसका बाल - मन उलझ गया प्रश्नों में। माँ भी अभी तक नहीं आयी।

खट -खट ---- कौन है?सोनी ने पूछा, अरे खोल तो दरवाजा।

झट आवाज पहचानकर सोनी ने दरवाजा खोला सामने सजी-धजी नीता खड़ी थी अपने ड्राइवर के साथ।

"अंदर आओ नीता मेरे पापा से मिलो "।

नीता ने नमस्ते किया तभी सोनी की माँ भी आ गयी। पैर छूकर प्रणाम किया और बोली आंटी मैं सोनी को लेने आयी हूँ आप सभी भी चले " मेरा जन्म-दिन " है आज।

"सोनी तुमने बताया नहीं माँ ने कहा।"

मैं कुछ गिफ्ट ले आती नीता के लिए, अब सोनी क्या बोले माँ से जिसके घर खाने के लिए राशन भी नहीं?

सोनी को ले नीता अपने आलिशान बंगले पर आ गयी। नीता के घर की सजावट देख उसकी आँखे फटी रह गयी।

कितना पैसा लगा होगा एक दिन की सजावट

के लिए? इतने पैसों में तो 4 महीने की राशन

आ जायेगी।

केक कट चूका था, नीता ने सोनी को केक

खिलाया।

सोनी ने उसे एक सुन्दर सा गुलाब दिया, और बोली खिली रहना इसी तरह ख़ुशी से।

वो तो माँ - पापा का आशीर्वाद और पैर छूकर ही अपना जन्म-दिन सफल मानती है।

<u>लेखक/लेखिका के अनुसार दुर्बलता</u>

इस लघुकथा का एक कमजोर पक्ष कथा के पात्रों का चरित्र -चित्रण है जो इसे कहानी का रूप देती है। लघुकथा में पात्रों का चरित्र चित्रण नहीं किया जाता है।

दूसरा कमजोर पक्ष लघुकथा के अंत में कुछ अनकहे कथ्य ऐसे होते हैं, जिन्हें लेखक पाठकों को समझने के लिए छोड़ देता है। जो इसमें नहीं है।

तीसरा कमजोर पक्ष, इस लघुकथा के संवाद जो की धारदार नहीं हैं।

8
अर्चना तिवारी

पारुल

सुबह-सुबह नन्हीं पारुल, अपनी बहन पिंकी के साथ आ जाती है। जबतक पिंकी बर्तन धोती, झाड़ू-पोछा करती तबतक पारुल मुझसे बतियाती रहती है। कभी कॉलोनी के किस्से तो कभी अपने भाई-बहनों की बातें। सात-आठ साल की उम्र और दुनियादारी की बातें, जैसे दादी-अम्मा हो। एक लगाव सा हो गया है उससे।

इस समय बच्चा होने के कारण पिंकी छुट्टी पर है इसलिए पारुल भी नहीं आती। सुबह-सवेरे उसकी भोली बातें सुनने की आदत सी हो गई है। अब घर सूना-सूना सा रहता है।

आज सुबह-सुबह पारुल अपनी माँ के साथ गेट पर खड़ी थी। मैंने जल्दी से गेट खोला और प्यार से पूछा, "पारुल, दीदी नहीं आती तो तुमने भी आना बंद कर दिया, क्यों !" वह मुस्कुरा कर अपनी माँ की ओर देखने लगी।

"बिटिया, जबलेक पिंकी न अइहे तबलेक पारुल के काम पे धई लेव।" गेट पर खड़े-खड़े ही पारुल की माँ बोली।

"पारुल को काम पर रख लूँ ! ये तो बहुत छोटी है !" मैंने पारुल की ओर देखते हुए कहा।

"अरे बिटिया, ई कुल काम कई लेत है, एतनी छोट नाही बा।"

"नहीं, मैं इतनी छोटी बच्ची से काम नहीं करवाऊँगी !"

"बिटिया, पेटे के आग छोट बड़ नाई देखत। तू काम न करवईहो तो कहूँ और करे के परी, लइकी जात कहूँ कुछ ऊँच-नीच होई जाय तो...तू लोग जइसन सब नाइ हैं।" कहते हुए वह चली गई और पीछे-पीछे पारुल भी।

ऑफिस में पूरा दिन मन खिन्न सा रहा। रह-रहकर पारुल का चेहरा और उसकी माँ की बात दिमाग में घूमती रही।

घर वापस आते समय मैं बस में बैठी थी। खिड़की से सिर टिकाकर आँखें बंद कर लीं। चौराहे पर सिग्नल पर बस रुकी तो मेरी आँख खुल गई।

शोर से ध्यान पास के पार्क की ओर चला गया। उसके बाहर भीड़ जमा थी। मैंने गर्दन उचकाकर बाहर झाँका। दृश्य देखकर मेरा माथा घूम गया। सामने दो बाँसों के बीच बंधी रस्सी पर हाथ में डंडा लिए पारुल खड़ी थी।

"पाss रुss लss !" मेरी चीख निकल गई।

मैं हड़बड़ाकर बस के गेट पर आ गई। वहाँ से उसका चेहरा साफ दिख रहा था। पर वह पारुल नहीं कोई और बच्ची थी।

मेरा सारा शरीर पसीने से नहा गया था। दिल जोर-जोर से धड़क रहा था। बस चल पड़ी थी। मैंने लंबी साँस ली। मैंने फैसला किया कि पारुल को काम पर रख लूँगी। भले ही मैं उससे काम न करवाऊँ। दो महीने की ही तो बात है।

मन कुछ शांत हुआ। लेकिन अब उस रस्सी पर चढ़ी बच्ची का चेहरा आँखों में नाचने लगा। जैसे वह पूछ रही हो, "पारुल तो सुरक्षित हो गई लेकिन मैं.....?"

<u>लेखक/लेखिका के अनुसार दुर्बलता</u>

मेरी लघुकथा 'पारुल' उन बच्चों की कथा है जिनसे बाल श्रमिक कानून के कारण लोग काम तो नहीं लेते किंतु भूख और गरीबी के कारण उनके माता-पिता उनको किसी जोखिम भरे काम में डाल देते हैं।

लघुकथा अपने सामयिक और महत्वपूर्ण कथ्य होने के बावजूद कमजोर लगती है। मेरे विचार से इसकी कमज़ोरी का कारण इसका शिल्प और प्रस्तुतीकरण है जिसकी वजह से पाठक को बोझिल सी लगती है। मेरे विचार से लघुकथा पाठकों का परिचय सामाजिक विसंगतियों से तो कराए साथ-साथ उनकी जिज्ञासा भी बढ़ाए। मैं महसूस करती हूँ कि ऐसे विषय जो सामाजिक विसंगतियों पर सवाल खड़े करते हों लघुकथा रचते समय उनका शिल्प और प्रवाह बोझिल नहीं होना चाहिए। लघुकथा में अधिक विस्तार की छूट नहीं मिलती इसलिए लेखक को ऐसे विषय पर कलम चलाते समय सतर्क रहना होता है वरना लघुकथा किसी समाचारपत्र की घटना मात्र लग सकती है। जो रचना अपना संदेश आनंद और मनोरंजन के कवर में लपेट कर प्रस्तुत की गई होती है निःसंदेह वही पाठकों की पसंद होगी। अक्सर सुनती हूँ कि रचना पाठकों को ध्यान में रखते हुए नहीं लिखी जाती बल्कि साहित्य के लिए लिखी जाती है। तो मेरा प्रश्न है कि साहित्य किसके लिए है?

९

अर्विना

रेत में धसा प्यार

ट्रिन ...ट्रिन फोन घनघना उठा नूरी ने रिसीवर उठाया तो उधर से घबराया सा करीम बस इतना ही बोल पाया नसरीन का बाजार में एक्सीडेंट हो गया है सिर पर चोटी लगी है। नूरी तुम दादीजान को लेकर जल्दी से आ जाओ।

नूरी की उंगलियाँ रिसीवर पर कस गई एक बार मन किया ......जैसा किया अब भुगते . पीछे से दादीजान का स्वर सुनाई दिया नूरी किसका फोन है।

"दादीजान नसरीन का एक्सीडेंट हो गया है।"

"नूरी हमें ले चलो अस्पताल।"

"नूरी ने दादी का हाथ थामा और बाहर आकर रिक्शा किया और पहुंच गई अस्पताल। "

"अस्पताल के इमरजेंसी वार्ड में नसरीन भर्ती थी।"

"उसकी हालत बिगड़ी हुई थी सिर से ज्यादा खून बह चुका था। "

" करीम की गोद में नसरीन का बेटा आबिद लगातार रोए जा रहा था।"

" दादीजान ने नूरी से बोली करीम जब तक खून का इंतजाम करता है "नूरी तुम आबिद को लेकर घर चली जाओ। "

"नूरी आबिद को लेकर घर आगई।"

घर के अंतिम छोर पर बने अपने कमरे में नूरी आबिद को चुप कराने की कोशिश करने लगी।

" ढ़ाई साल के मासूम बच्चे आबिद की रो रो कर आँखे सूज गई थी।"

वह नहीं जानता उसकी अम्मी के साथ क्या हुआ है? वो बस अम्मी को पुकारे चला जा रहा था।

आज अम्मी कहाँ चली गई क्यों नही आती?

हरदिन जरा सी आवाज पर दोड़ी आती थी। ऊँहूँ... हूँ... अम्मी ....अम्मी के पास जाना है।" आबिद की चीखे नूरी के कान में गर्म शीशे सी उतर रही थी, लेकिन उसकी आँखो में आँसू नहीं थे बदले की आग दहक रही थी।

"अम्मी खुद तो करीम से मेरा निकाह कर खुद खुदा को प्यारी हो गई थी। "

दादी जान और बहन अकेली ना हो इसलिए उनके साथ ही रहने लगी पर क्या पता था ये दिन देखना पड़ेगा?

करीम ने उसे एक दिन तीन बार तलाक कहा और उसकी छोटी बहन नसरीन से चुपचाप निकाह कर के अपनी बीवी बना लिया और अलग रहने लगा।

" वो बस खामोश सब देखती रही।"

" खुदा तू जानता है इस बहन ने मेरा बसा हुआ घर उजाड़ा है। "

" मेरी बहन जिसने मेरा सब कुछ छीन लिया।

" ऐ खुदा ये क्यों अभी तक जिन्दा है?"

नूरी ने मन ही मन ये निर्णय लिया वो अपने लहू को सौ डिगरी गर्म ही रखेगी उसे मेल्टिंग पॉइन्ट पर आने ही नही देगी।

उधर अस्पताल में नसरीन जिन्दगी और मोत के बीच झूल रही थी डाक्टर बार बार करीम से खून का इंतजाम करने के लिए कह रहा था।

करीम ने कोशिश की पर उससे खून का इंतजाम नहीं हुआ। कोई नहीं मिला जो खून दे देता।

करीम को याद आया नूरी का भी तो यही ब्लड ग्रुप है। अस्पताल पहुंचकर दादीजान को सारी बात बताई।

करीम ! घर चलो मैं कोशिश कर के नूरी को राज़ी कर लूंगी खून देने के लिए।

अस्पताल से लोटी नुसरत दादीजान और करीम ने कमरे में प्रवेश किया विक्षिप्त सी नूरी को देखा।

नूरी ! तुम तो नसरीन से बेहद प्यार करती थी अब उसे माफ कर दो शून्य में ताकती नूरी ऐसे ही बैठी रही लग रहा था उसने मानों कुछ सुना ही नहीं।

नुसरत दादीजान ने सोचा पत्थर की शिला के नीचे से रेत में दबे हुए प्यार को बाहर निकालना ही होगा।

आबिद को नूरी की गोद में बैठा दिया नूरी को झकझोरा "बेटा मासूम आबिद की तरफ देखो तुम्हारा तो ब्लड ग्रुप बी पोजिटिव है।

नूरी बचालो अपनी बहन नसरीन को वो वक्त भी याद करो जब तुम नसरीन पर जान छिड़कती थी।"

" नूरी को दादीजान की आवाज कहीं दूर से आती प्रतीत हुई। "

नूरी अपनी पूरी ताकत लगाकर लगभग चीखते हुए बोली ... दादीजान .... उसने तो मेरा सब कुछ छीन लिया .

नूरी रहम कर .... दादीजान ..... नूरी अचानक से उठी और बदहवास सी करीम से बोली मुझे ले चलो........ "मैं अपना लहू दे कर नसरीन को बचाना चाहती हूँ।

<u>लेखक/लेखिका के अनुसार दुर्बलता</u>

लघुकथा लेखन में नया-नया आने की वजह से खुद पर विश्वास कम होता था। हर समय यही लगा रहता कि जो लिख रहे हैं, वह सही तो है, समाज को कोई ग़लत संदेश नहीं जाना चाहिए। यही सोच बना कर लगातार लेखन कार्य किया।

रेत में धंसा प्यार लघुकथा, 2016 में जब मैंने लघुकथा लिखना शुरू ही किया था, उसी समय की रचना है। लेकिन इसे कभी कहीं भी प्रकाशन को नहीं भेजा।

2017 में इसकी मुख्य पात्र के नाम में बदलाव किया लेकिन संतुष्टि नहीं मिली। कुछ समय बाद रक्तदान पर इस लघुकथा को भेजने के लिए सोचा, लेकिन इसे भेजने का विचार त्याग दिया यह लघुकथा मुझे परिपक्व रचना नहीं लगी। ना जाने क्यों हर बार यह लघुकथा कमजोर लगी। कभी भाव पक्ष तो कभी कथ्य कमजोर लगा।

2019 में इस लघुकथा के संवादों को भी बदला और लघुकथा को सहेज कर रख दिया हर बार जब भी दिल चाहता इसे पढ़ कर ऐसे ही रहने दिया, पोस्ट नहीं किया। मुझे अपनी सभी रचनाओं से मोहब्बत है। इस रचना से भी है। बेशक यह मेरी नजर में कमजोर लघुकथा है।

10

आशीष दलाल

पति और पिता

'बेटी तुझे आगे बढ़ने के लिए जमाने से टकराना होगा, तू अपने पैरों पर खड़ी हो ताकि शादी के बाद भी तेरा स्वयं का अस्तित्व बना रहे और तू पुरुष के समकक्ष रह सके, आगे बढ़ सके।'

मैं ठगी सी उन्हें बेटी को उपदेश देते देखती रही और उस जमाने को सोचने लगी जब इन्होने ही मुझे शादी के बाद मेरा प्रमोशन इनसे बड़ी पोस्ट पर हो जाने पर नौकरी छोड़ देने के लिए मजबूर कर दिया था।

<u>लेखक/लेखिका के अनुसार दुर्बलता</u>

मेरी यह बहुत पुरानी किन्तु प्रिय रचना है। पुरानी रचनाओं पर बार-बार चिंतन करने पर सुधार की गुंजाइश नजर आती है। मेरी नजर में मेरी यह रचना पूरी तरह से एक वक्तव्य बनकर रह गई। काल, समय और किसी घटना विशेष का उल्लेख कर लघुकथा को प्रभावशाली बनाया जा सकता था।

पति-पत्नी जब दोनों ही नौकरी करते है तो कहीं ना कहीं आपस में उनका अहम अवश्य ही टकराता है और ऐसे में जब पति की तुलना में पत्नी की आय या ओहदा बड़ा होता है तो पुरुष का अहम पति-पत्नी के बीच होते छोटे-मोटे झगड़ों में मुख्य कारण बनकर खड़ा हो सकता है। परिवार को संभालने की खातिर बलिदान अक्सर स्त्री ही देती है।

मेरे हिसाब लेखन का उद्देश्य समाज को सकारात्मक संदेश और सुझाव देना होता है, ना कि जो बात जैसी घटित हुई है उसे उसी तरह से प्रसारित कर देना। मेरी लघुकथा में यही बात हुई है जो कोई नया संदेश नहीं दे रही है बल्कि पति-पत्नी के बीच अक्सर होते मौन समझौतों में स्त्रीवर्ग की पीड़ा को उजागर मात्र कर रही है।

पति से पिता के रूप में आने पर पुरुष की सोच में हो रहे बदलाव को इंगित करते हुए सबंधों को लेकर सोच में होते परिवर्तन पर भी दृष्टि डाली है।

इसी कथानक को लेकर इस लघुकथा में कुछ ऐसे परिवर्तन की गुंजाइश है जो समाज को एक सकारात्मक सन्देश और राह दे भी दे सके।

11

उदय श्री ताम्हणे

संतोष

रात्रि में घडी ने आठ घंटे बजाये !

बद्री प्रसाद जी,डाइनिंग टेबल के करीब रखी कुर्सी पर विराजमान हो गए !

बहु सुनीति ने भोजन की थाली परोस दी !

बद्री प्रसाद जी ने रोटी का कोर सब्जी में डुबोया, अब मुँह में डालने ही वाले थे की सहसा रुक गए !

बद्री प्रसाद जी को बचपन से आदत है, वे भोजन की थाली में मीठा लेकर ही भोजन करते है !

" बहु ! आज थाली में मीठा रखना भूल गई? "

" बाबूजी ! अब आठ हजार रूपये पेंशन से, थाली में रोज गुलाब जामुन रखना सम्भव नहीं है ! "

" क्यों भला? मुझे तो अठ्ठाइस हजार रूपये पेंशन मिलती है ! "

तभी कार की रोशनी से मकान जगमगा उठा ! कार की हेड लाईट भोजन की थाली पर

पड़ी,प्रकाश परावर्तित हो कर बद्री प्रसाद जी के चेहरे पर आया !

पल भर के लिए उनकी आँखे रोशनी से चुंधिया गई !

अब गाड़ी की लाईट बंद कर दी गई थी !

ठक . ठक .ठक . ठक . पद चाप सुनाई दे रही थी !

संतोष कमरे में दाखिल हुआ !

सुनीति कमर पर हाथ रखे खडी थी !

संतोष सारा मामला समझ गया !

" आप आ गए ! अब आप ही समझा दीजिये, बाबूजी को ! "

" बाबूजी ! मैंने आपको बताया तो था, हमने जो नई कार खरीदी है ! उसकी इजी मंथली इंस्टालमेंट इस माह से आपके पेंशन अकाउंट से कटना है ! सो बीस

हजार रुपये कट गए है ! "

बद्री प्रसाद जी ने चीनी के डब्बे मे से चुटकी भर शक्क्र निकालकर अपनी थाली में रखी !

सब्जी में भीगा हुआ रोटी का निवाला मुँह में रखकर वे चबाने लगे !

<u>लेखक/लेखिका के अनुसार दुर्बलता</u>

(1) " कार की रोशनी से .... पल भर के लिए उनकी आंखें चुंधिया गईं।"

प्रकाश परावर्तन का ठीक-ठीक उल्लेख न कर पाना।

(2) बाबूजी के अकाउंट से रुपया कट कैसे गया बिना अनुमति।

(3) 28 हजार रूपये की पेंशन पाने वाला मजबूर क्यो।

12

ओमप्रकाश क्षत्रिय 'प्रकाश'

गंगा

प्रदूषित नदी आगे बढ़ी तो गंगा चहकी," आओ बहन ! तुम्हारा भी स्वागत है।"

"शुक्रिया गंगे !" कहते हुए प्रदूषित नदी गंगा की बांहों में समां गई। आज पहली बार उसके बदबूदार पानी ने खुल कर साँस ली थी, मगर गंगा की सांसे फूलने लगीं। फिर अचानक ही हाँफती हुई गंगा के कदम लड़खड़ाने लगे दिल धक से बैठने लगा, सामने से अनगिनत और ग़लीज़ जलधाराएँ उसकी ओर बढ़ रही थीं।

<u>लेखक/लेखिका के अनुसार दुर्बलता</u>

यह लघुकथा नवलेखन की प्रतियोगिता के लिए लिखी थी। उस वक्त इस का रूप ओर छोटा था। इस पर आदरणीय योगराज प्रभाकरजी ने सुधार कर पेश किया था। मगर, न जाने क्यों? मुझे यह लघुकथा संतुष्ट नहीं कर पाई। इस में क्या कमी है? क्या नहीं? यह मैं नहीं जानता हूं, मगर, इस को लिखने के बाद भी, आज तक मैं इस से संतुष्ट नहीं हूँ। इसलिए इस लघुकथा को मेरी सब से कमजोर लघुकथा मानता हूँ।

13

कनक हरलालका

धार्मिकता

मैं कर्मचन्द आज बहुत दिनों के बाद अपने मित्र धर्मचंद से मिलने उसके घर जा पंहुचा।

"आहा..क्या बात है.. आज बहुत दिनों के बाद मेरी याद आई..।" उसने बड़े तपाक और गर्मजोशी से मुझे गले लगा कर स्वागत किया।

दरअसल हम दोनों मित्र ही भिन्न विचारधारा और भिन्न कार्यकलाप के स्वामी हैं। मैं अक्सर अपने कार्य के सिलसिले में विदेश यात्रा में रहता हूँ तो धर्मचंद धर्म-कर्म, पूजा-पाठ, दान-दक्षिणा में व्यस्त रह कर अपना बिजनेस चलाते हैं।

"इस बार बहुत दिनों के बाद आना हुआ" उन्होंने मुझे बैठाते हुए कहा।

"हाँ तुम्हें तो पता ही है मैं अक्सर काम के सिलसिले में देश से बाहर भी चला जाता हूँ।"

"हूं...। तो कैसी रही तुम्हारी इस बार की यात्रा.. यार कभी हमें भी तो विदेश की सैर करवा दिया करो..।"

"हाँ दोस्त विदेश यात्रा का अपना मजा है..। पर पता है इस बार मैं एक ऐसे देश में जा पंहुचा जो सच में अद्भुत था।"

"अच्छा.. हमें भी तो बतलाओ क्या अद्भुत था वहां?"

"यार पता है वहाँ ऊंची ऊंची बिल्डिंगें, साफ सुथरे रास्ते, बड़े बड़े कारखाने तो थे ही साथ ही एक भी व्यक्ति गरीब न था।और भिखारियों का तो नामोंनिशान तक न था। सच बहुत उन्नत देश था।"

"हा.हा.हा हा.. खाक उन्नत रहेगा वह देश..। जहां दया और दान न हो वहां धर्म कैसे टिकेगा.. और धर्म के बिना उन्नति कितने दिन टिकेगी..।"

मैं स्तब्ध चुपचाप उनके इस तर्क और धर्म निष्ठा के आगे नतमस्तक होकर उठा और उनके कमरे में लगी भगवान की फोटो के सामने हाथ जोड़कर बाहर निकल गया।

<u>लेखक/लेखिका के अनुसार दुर्बलता</u>

लघुकथा में किसी समस्या का स्पष्ट निवारण या उपदेश नहीं किया जा सकता है। लघुकथा वह तीर है जो छिप कर वार करती है। जिसमें पाठक अपने अन्तर्मन, विवेक से समस्या का निर्धारण कर चौंक जाता है कि लेखक किस समस्या पर इस लघुकथा द्वारा कुछ कहना चाहता है। लघुकथा अपने आप में एक प्रश्नचिन्ह लेकर उपस्थित रहनी चाहिए।

मेरे विचार से उपरोक्त लघुकथा में ऐसा गहन संदेश प्रेषित न होकर सब कुछ स्पष्ट सा बयान हो रहा है जो लघुकथा की कमजोरी को दर्शाता है।

द्वितीयतः लघुकथा का अंत बिल्कुल अप्रत्याशित रूप से चौंका देने वाला होना चाहिए। उपरोक्त लघुकथा का अंत भी इतना छुपा हुआ नहीं बन सका है। न ही इस अन्त के बाद कुछ कहना बाकी रह कर एक और लघुकथा का कलेवर उसमें समाहित प्रतीत नहीं होता।

कभी कभी लघुकथा लिखने के बाद भी यह संशय रहता है कि समझ में नहीं आता क्या शीर्षक उचित होगा। उपरोक्त लघुकथा का शीर्षक भी यद्यपि लघुकथा का कहन वहन करता है पर मुझे संतुष्ट नहीं कर सका।

यद्यपि लघुकथा में समाज में उठते प्रश्न जब मन को आलोड़ित करके अपना समाधान मांगने लगते हैं तब उनका प्रस्तुति करण कर लघुकथा के माध्यम से समाज से उसका उत्तर मांगा जाता है। उपरोक्त लघुकथा में भी धर्म की, आस्तिकता की अंधविश्वास रूपी पराकाष्ठा को एक प्रश्न चिन्ह के रूप में उठा कर विकास की भावना, मनोवृत्ति और कर्म से सफलता प्राप्ति की वास्तविकता को विरोध के रूप में सामने रखती है।

पर मेरे अनुसार यह मेरी एक कमजोर लघुकथा की श्रेणी में ही आती है।

शिल्प की दृष्टि से भी कथोपकथन में वह कसाव, तीखापन नहीं है जो कथा की मार्मिकता को प्रभावी रूप से प्रस्तुत कर सके।

इन्हीं कारणों के फलस्वरूप यह मुझे मेरी कमजोर लघुकथा लगी और मैंने इसे प्रकाशित व प्रसारित करने से परहेज किया।

14

कमल कपूर

गंदी

जनता एक्सप्रेस के खचाखच भरे डिब्बे की उधड़ी हुई सीट पर खिड़की से सिर टिकाए बैठी वह निरंतर उस पल को कोस रही थी, जब कोई अच्छी -सी कहानी बटोरने की मंशा ले कर उसने जनरल डिब्बे में यात्रा करने का मन बनाया था•••वो भी जून की तपती दोपहरी में।खिड़की से आती गर्म हवाएँ उसके तन - मन को सुलगा रही थीं और डिब्बे में भरी पसीने और तम्बाकू - गुटखे की दुर्गंध उसके दिमाग में जैसे आलाव की आग धधका रही थी। मक्खियों की फौज बिंदास खिड़की की राह से भीतर - बाहर आ-जा रही थी।हाथ बढ़ा कर जब उसने खिड़की बंद कर दी तो ‘ ये क्या

‘मेम साब, खिड़की काहे बंद कर दी? ’ इसी तरह के कई और भी विरोध के स्वर उठे तो उसने अहिस्ता से कहा, "जी गर्म हवा आ रही है और मक्खियाँ भी।"

"तो ठंडे डिब्बे में काहे ना बैठीं मेमसाब?" एक स्वर उछला और साथ ही फुहड़ हँसी का फव्वारा भी, और वह खिसिया कर रह गई।

अब उसकी नज़र जा ठहरी, निकट ही बैठी एक मैली -सी बच्ची पर , जिसकी नाक बह रहीं थी और पास बैठी उसकी माँ अपने दुपट्टे के पल्लू से बार -बार उफकी नाक पौंछे जा रही थी। देख -देख कर उसे घिन आ रही थी। आखिर उससे रहा नहीं गया और वह बोली," कितनी गंदी बच्ची हो तुम। नाक पौंछने के लिए रुमाल क्यों नहीं रखा तुमने अपने पास? "

न बच्ची कुछ बोली और न उसकी माँ।तभी फिर बच्ची का नाक टपका और उसकी धार को उसने अपनी जुबान पर ले लिया। यह घृणित दृश्य देख कर उसे उबकाई -सी महसूस हुई और वह उठ खड़ी हुई लेकिन उस बैठे - खड़े जनसैलाब को

चीर कर वॉशरूम तक जाना कौनसा आसान काम था। उसके मुँह से कै का झरना फूट गया और चारों ओर से उस पर लानत - मलामत बरसने लगी और ऐसा होना स्वाभाविक भी था परन्तु एक स्वर तो उसके दिल - ज़िगर को तीखे भाले -सा चीर गया।यह स्वर उस मैलीकुचैली बच्ची का था," ओ री अम्मा ! देख तो गंदी•••छीछी वाली गंदी "

<u>लेखक/लेखिका के अनुसार दुर्बलता</u>

वस्तुतः वर्ष 2013 के अंत में किसी गाड़ी में इससे मिलतीजुलती घटना से साक्षात्कार हुआ था मेरा, जिसने मेरे कहानीकार मन में खलबली मचा दी और मैंने तुरन्त कल्पनाओं का कुछ चटनी - चूरन मिला कर इसे लघुकथा में ढाल दिया और इसे अपने लघुकथा - संग्रह ' हरी - सुनहरी पत्तियाँ " में शामिल कर लिया। संग्रह की पांडुलिपि अवलोकन, मूल्यांकन तथा आशीर्वचन के लिए आदरणीय डॉक्टर रूपदेवगुण जी के पास भेज दी तो उन्होंने दो लघुकथाओं पर लाल कलम से कट्टस लगा कर शेष कथाओं को हरी झँडी दिखा दी। उन दो में से एक थीं•••यही ' गंदी '।साथ में एक टिप्पणी भी थी, " गंदी सचमुच बहुत गंदी और कमजोर रचना है, जिसे पढ़ कर वितृष्णा होती है। इतनी सरस कहानियाँ लिखने वाली कमल कपूर कैसे लिख गईं ऐसी लघुकथा? या तो इसे ठीक करें या संग्रह से निकाल दें। यह मेरी राय है, बाकी आपकी इच्छा।" और मैंने उसी पल इसे संग्रह से हटा दिया।कैसे न हटाती? इतने वरिष्ठ लघुकथा - सुविज़ ने ' रिजेक्ट ' जो किया था इसे। तभी अचानक याद आया कि मैंने यह कथा एक प्रतिष्ठित पत्रिका में भी भेजी थी। ज़िन्दगी में पहली बार माँ सरस्वती से प्रार्थना की कि यह न छपे। संपादक महोदय को फोन करके विनय की कि वह इसे न छापें लेकिन उन्होंने बताया कि अंक छप कर आ चुका है और भेजने की तैयारी चल रही है।अंक मेरे पास आया तो देख कर मन क्षुब्ध हो गया कि ' गंदी ' उसमें सचित्र मौजूद थी। अंतर्मन से पूछा ' डॉक्टर साहब द्वारा घटिया घोषित की गई कथा संपादक महोदय ने कैसे / क्यों छाप दी?
"

जवाब मिला, " या तो उन्होंने तुम्हारा मान रखा है या सच में उन्हें पसंद आई होगी क्योंकि जितनी नज़रें उतने नज़रिए।"

उसके बाद मैंने इसे अपनी साहित्यिक - ज़िन्दगी से ही निकाल दिया क्योंकि बार - बार पढ़ने के उपरांत मुझे इसमें वो सब कमियाँ दृष्टिगोचर हो गयी थीं, जो रूपदेवगुण जी ने गिनाई थीं। सबसे बड़ी कमजोरी तो इसका शीर्षक है, जो कर्णकटु है। मैं इस लघुकथा में कभी संशोधन नहीं करूँगी। लघुकथा लिखने के लिये सैकड़ों कथानक हमारे आसपास बिखरे हुए हैं ••• इतने अधिक कि सारी उम्र भी कम पड़

जायेगी लिखते -लिखते। और अब तो कथा अपने मूल स्वरूप में सुधी लेखकों / पाठकों के न्यायालय में पहुँच गई है, अस्तु, ये प्रबुद्ध न्यायाधीष ही निर्णय करें तो श्रेयस्कर होगा कि ' रिजेक्शन ' की मोहर लगी यह ' गंदी ' लघुकथा किस कटघरे में खड़े किये जाने की पात्र है।

15

कल्पना भट्ट

रिश्ता

शिला और मोना दोनों बहने लगभग ३५ और ३२ क्रमश: वर्ष की हो गयी थीं अभी तक उनकी शादी नहीं हुई थी, उनके छोटे भाई के लिए एक रिश्ता आया था। लड़की वाले घर आये थे। लड़की ने सोशियोलॉजी से ऍम ए किया था, गेहू वर्णीय लड़की थी, लड़के के पिता जी ने लड़की से पूछ ताछ कर रहे थे, लड़के के घर वाले सभी वहीँ बैठे हुए थे। लड़की और लड़की के माता पिता दोनों ही बड़ी ही विनम्रता से उनके सवालों का जवाब दे रहे थे।

जिस लड़के का रिश्ता होना था, वो घर के अंदर से लड़की को कनखियों से देख रहा था, पर बाहर नहीं आया, उसको उसके पिताजी ने इशारे से बाहर आने को मना कर दिया था।

लड़की के विषय को लेकर और उसके रंग को लेकर लड़के के पिताजी ने उसको नकार दिया। लड़की वाले वहां से चले गए। लड़के के पिताजी ने अंदर आकर अपनी बेटियों से कहा, " मैंने तुम लोगों को कितना पढ़ाया लिखाया है, तुम आज अच्छी पोस्ट्स पर काम कर रही हो, और उस लड़की को देखो, भला बताओ, सोशियोलॉजी भी कोई विषय है, क्या ख़ाक नौकरी मिलेगी उसको? "

बेटा, उनकी बात सुनकर आवक रह गया और अपनी माँ और बहनों को देखने लगा, माँ ने कहा, " आपको एकदम से उनके मुँह पर नहीं कहना चाहिए था और रंग रूप की बात तो हरगिज़ उचित नहीं थी।

पत्नी की बात पर नाराज़ होकर वे बोले, " नहीं, मैंने जो कुछ कहा सही कहा, देखो जरा अपनी बेटियों को, दोनों कितनी गोरी है।

दोनों बेटियाँ एक साथ बोल पड़ी, " हाँ पापा आप सही हो, हम गोरी है, पढ़ी लिखी है, अच्छी नौकरी कर रहीं है, शायद इसीलिए आपको कोई उपयुक्त लड़का हमारे लायक नहीं मिला।"

लेखक/लेखिका के अनुसार दुर्बलता

यह मेरी अप्रकाशित लघुकथा है, इस लघुकथा को लिखते समय मेरे ज़हन में यह बात चल रही थी कि जब कोई परिवार अपने बेटे के लिये लड़की देखने जाते हैं, वह भूल जाते हैं कि सबके बच्चे उनके माता-पिता के लाडले होते हैं। रँग-रूप का भेद-भाव करना छोटी मानसिकता है। और इस सोच के साथ जब लड़की को नकार दिया जाता है, तब भी लड़के के पिता को यह होश नहीं रहता है कि उनके घर की बेटियों को भी कोई लड़के वालों ने नापसंद किया है, स्वयं लड़के वाले हैं सिर्फ यह सोचकर गववर्णीय लड़की को उसके रँग के कारण नकारा जाता है।

इस लघुकथा की सबसे बड़ी कमजोरी यह रही है कि जो उद्देश्य लेकर मैं चली थी कि ऐसी संकीर्ण सोच वालो को सबक मिलना चाहिये कि जैसे इस कथा के नायक पिता की दो बेटियाँ जो गोरी हैं, अच्छी नौकरी में भी हैं, उनकी उम्र भी बढ़ती हुई है, फिर भी कुँवारी बैठी हुई है, ऐसे में भी वह पिता जब अपने बेटे के लिये लड़की देखने जाता है तब लड़की को सिर्फ उसके रँग के कारण इनकार कर देता है।

इस सम्पूर्ण लघुकथा में इसका उद्देश्य ही स्पष्ट नहीं हो पाया है। इस लिये इस लघुकथा को मेरी कमजोर कथाओं के बीच रखा है।

16

कविता वर्मा

अंतहीन महाभारत

मैं एक स्त्री महाभारत की कथा पढ़ती हूँ तो सोचती हूँ जब सत्यवती ने शांतनु से विवाह कर सुखसागर में छलांग लगाई थी कैसा रोमांच था वह। एक मत्स्य कन्या से कुरु वंश की महारानी बनना। कुछ ऐसा ही तो महसूस हुआ था मुझे भी इस बड़े घर खानदान से रिश्ता जोड़ते हुए। अंबिका की तरह मैंने भी कुछ झिझकते हुए और फिर अम्बालिका की तरह नियति मान कर स्वीकार कर लिया था अपने संस्कारों का हरण और नए परिवेश को। गांधारी की तरह भय से काँपी थी नए चाल चलन को अपनाने से पहले लेकिन ख़ुशी दिखाते हुए ढल गई थी। अभिशप्त हुई थी कुंती की तरह अपने बेटे से दूर रहने के लिए क्योंकि उसे उच्च वंश के तौर तरीके नहीं सीखा सकती थी गले नहीं लगा सकती थी। वह भी तो इस कदर उच्चाभिमान में था कि माँ के गले कैसे लगता? अपनी इच्छाओं अरमानों को माद्री की तरह कम उम्र में ही वनवास दे दिया था और मन से वैरागी हो गई।

कोई नहीं जानता इस वरदान की आड़ में बहु पुरुषों का संसर्ग कैसी वितृष्णा पैदा करता था लेकिन क्या द्रोपदी कभी इसे बता पाई? फिर मैं कैसे बता देती? जब अपनी शक्ति का प्रयोग मेरी कोख पर कर उतरा के अजन्मे बच्चे की तरह मेरे गर्भ पर वार किया था तब मेरी आत्मा चीत्कार कर उठी थी। श्राप दिया था तुम्हे मैंने तुम्हे वह लगा या नहीं मुझे नहीं पता। लेकिन मैं युगों युगों से अभिशप्त हूँ।

महाबली योद्धाओं महाभारत का युद्ध लड़ने के लिये तुम्हारा नाम इतिहास में दर्ज है .तुम युद्ध जीते या हारे लेकिन वह युद्ध मेरे जीवन में अभी भी चल रहा है और न जाने कितने युगों तक चलता रहेगा एक अंतहीन महाभारत।

<u>लेखक/लेखिका के अनुसार दुर्बलता</u>

मेरी यह लघुकथा अंतहीन महाभारत 2014 /15 के करीब किसी चित्र प्रतियोगिता के लिए लिखी गई थी। उस चित्र में कई स्त्रियां एक के पीछे एक किसी स्थान से छलांग लगा रही थीं और इसी से मुझे एक ही परिवार की कई पीढ़ियों की महिलाओं को लेकर एक लघुकथा लिखने का ख्याल आया।

महाभारत के कुरुवंश की कहानी कई पीढ़ियों की कहानी है और इसी वंश से सबसे बड़े पौराणिक युद्ध की कथा भी जुड़ी है और ऐसे ही युद्ध स्त्री के जीवन में निरंतर चलते रहते हैं बल्कि कहें कि जीवन के अलग अलग पड़ावों पर वह अलग-अलग युद्ध लड़ती है जो इन पौराणिक चरित्रों ने लडे थे।

इस लघुकथा में एक गरीब लड़की की बड़े घर में शादी के बाद आज की स्त्री के संपूर्ण जीवन की लड़ाइयों को महाभारत के महिला चरित्रों के माध्यम से उकेरा गया है और यह मुझे इसीलिए पसंद है क्योंकि इसे लिखते मैंने जाना कि एक स्त्री के जीवन में अभी भी पीढ़ियों तक झेले गये संघर्ष विद्यमान हैं।

यह लघुकथा कहीं प्रकाशित करने नहीं भेजी क्योंकि मुझे लगता है कि इसमें कथ्य को ठीक से नहीं उभार पाई और इस वजह से यह कालखंड दोष जैसा प्रकट करती है। इसमें संवाद नहीं हैं और शायद यह लघुकथा के कुछ मानकों पर खरी नहीं उतरती।

17

चेतना भाटी

सहानुभूति

काम करते हुए महरी कुछ सुस्त - सी दिखी। शक्ल भी कुछ उतरी हुई- सी थी। चेहरे की तो रौनक ही गायब थी।

मन हुआ कि पूँछू - " बाई क्या हुआ। तबियत ठीक नहीं है क्या? "

मगर बोलने को उत्सुक जुबान दाँतों के बीच दब कर रह गई - " कहीं छुट्टी न माँगने लगे।"

लेखक/लेखिका के अनुसार दुर्बलता

कुछ अधपकी है। एक तरफा - सी है। आपसी संवाद नहीं है। एक विचार मात्र लगता है। यानी सामग्री तो है लेकिन अनुपात बराबर नहीं है।

फिर भी लिख ली क्योंकि संवेदना तो है मन में। और शायद कभी बाद में ठीक कर पाऊँ, इस आशा में।

18

जगदीश राय कुलरियाँ

फर्क

वह एक प्रसिद्ध लेखक था और अक्सर ही अपने लेखों में नारी अधिकारों की बात करते हुए लड़के और लड़की के बराबर होने की बात के साथ-साथ भ्रूण टेस्टों पर प्रतिबंध लगाने के लिए लिखता था।उसके दो लड़कियां थी। तीसरी बार जब उसकी पत्नी का पैर भारी हुआ तो उसको स्कैनिंग करवा कर जब यह मालूम पड़ा के होने वाला अगला बच्चा भी लड़की ही है तो उसने अपनी पत्नी से कहा, '' भागवान ! बेटियों का क्या है इन्होंने कौन-सा अपने पास रहना है, खानदान का नाम चलाने के लिए एक बेटा तो होना चाहिए" और इस तरह से उसने अपनी पत्नी को लड़के और लड़की में फर्क बताते हुए एबॉर्शन कराने के लिए सहमत कर लिया।

<u>लेखक/लेखिका के अनुसार दुर्बलता</u>

किसी भी लेखक के लिए स्वयं की रचना को कमजोर कहना बहुत कठिन होता है, उस से भी कठिन होता रचना की कमज़ोरियाँ से दूसरों को अवगत कराना। खैर ! जब डॉ चंद्रेश कुमार छतलानी जी की मेल प्राप्त हुई तो इस बात की तरफ भी ध्यान हुआ। मेरी यह लघुकथा वर्ष 1999 के आस पास लिखी हुई है, उस समय मेरे लेखन की शुरुआत थी तो सुभाविक है शुरूआती दौर में जैसी नवलेखकों की रचनाएँ होती है वैसी ही यह रचना है। इस की मुख्य कमज़ोरी मुझे 'कथनी और करनी' का फर्क ही है। एक आदमी खुद किसी चीज का विरोध करता हुआ दूसरों को सलाह देता है पर खुद वो ही कार्य करता है। ऐसे विरोधाभास वाली बहुत सी रचनाएँ हमें पढ़ने को मिलती है। इन रचनाओं में सन्देश तो होता है पर पाठक के अंतर मन को झंझोरती नहीं, बल्कि एक सपाट बियाणी बन कर रह जाती है। पाठक को पढ़ते समय पूर्वाभास हो जाता है कि आगे क्या होने वाला है और ऐसी रचना तो वह

भी लिख सकता है। कलात्मकता और कथारस की कमी भी पढ़ने में अखरती है। लघुकथा में शीर्षक का बहुत महत्व है आपकी रचना शीर्षक से खुलनी नहीं चाहिए, जब हम 'फर्क' जैसे शीर्षक रखते तो पाठक को इस के शीर्षक से अंदाज़ा हो जाता है कि कहानी में क्या होगा।

अब मेरी सदैव यह कोशिश रहती है कि मै अपने वर्तमान लेखन में यह कमजोरियाँ ना आने दूँ।

19

डॉ. लता अग्रवाल

आचरण

जैसे ही नए बॉस ने पद सम्हाला, सृष्टि ने उसके आस पास चक्कर लगाना शुरू कर दिया। अब वह पहले से अधिक सज संवर कर आने लगी। उसका ध्यान दफ्तर के काम में कम और बॉस की पसन्द -नापसन्द पर अधिक रहता। उसका अधिकतर समय बॉस के कमरे में बीतता। बाहर लोग समझ रहे थे बॉस मुफ्त का भोजन डकार रहा है।

कुछ दिनों बाद दफ्तर की प्रमोशन लिस्ट निकली जिसमें सृष्टि का कहीं नाम न था।

सृष्टि ने रो रो कर दफ्तर के लोगों को इकठ्ठा कर लिया की बॉस ने मेरे साथ गलत आचरण किया।

<u>लेखक/लेखिका के अनुसार दुर्बलता</u>

यूं तो लेखन के दौरान हमारी रचनाओं में काफी कच्चापन रह जाता है और मैं समझती हूँ एक लेखक यदि वह ईमानदार हैं अपने लेखन के प्रति तो उससे बेहतर उसकी रचना का समीक्षक कोई नहीं हो सकता। मुझे भी अपने लेखन के दौरान स्वयं इस बात का एहसास हो जाता है कि मैं अपने लेखन से कितनी संतुष्ट हूँ। उसी तरह लघुकथा के क्षेत्र में भी मुझे अपनी जिन लघुकथाओं से पहचान दी उनके लेखन के दौरान ही मुझे उनकी रचना से संतुष्टि का भाव जगा। यथा ममता, शुक्रिया जनाब, घरानों की परम्परा, सत्य की अग्नि परीक्षा, गरीब का लंच बॉक्स,करमजली भूख ...आदि। जिन लघुकथाओं के लेखन से मैं स्वयं संतुष्ट नहीं हो पाती उन्हें अमूमन कम ही प्रकाशन हेतु भेजती हूँ।

उदाहरण के रूप में एक लघुकथा आचरण प्रेषित करती हूँ। अगर कथ्य के चुनाव की बात करूं तो मुझे लगता है कथ्य चयन में कोई कमी नहीं क्योंकि यह घटना आज का प्रासंगिक विषय है। शब्द संख्या की बात करूं तो लघुकथा की दृष्टि से मैं संतुष्ट हूँ क्योंकि मेरा मानना है कि जितने कम से कम शब्द लघुकथा में हो बेहतर है। किन्तु जब बात है प्रस्तुतिकरण की तो कथा में पात्र, संवाद, परिवेश के साथ भाषा (जो कि लघुकथा की विशेष पहचान है) भी होनी चाहिए। मुझे लगा मैंने यह कथा कुछ जल्दबाजी में लिखी है, इसे अभी भाव की आँच में और पकना था, कच्चेपन की सोंधी गंध इसमें दिखाई देती है। पकने पर इसके शब्दों का जो लावा तैयार होगा वही लघुकथा में प्राणतत्व फूंकेगा। सृष्टि की खलनायकी को कुछ गहरे से उतरना था जिसमें मेरे शब्द उतने सफल नहीं हो पाए हैं। यदि इसमें बोस और सृष्टि के बिच कुछ संवाद बनाये जा सकते, ऑफिस का परिवेश भी बनाया जा सकता था जिससे कथा और भी रोच हो सकती थी।फ़िलहाल यह लघुकथा सपाट सी लगी।

शीर्षक यदि पाठकों में रहस्य उत्पन्न करे तो और भी बढिया है इस दृष्टि से 'आचरण' सीधे अर्थ की प्रतीति दे रहा है। प्रस्तुतिकरण में अगर कुछ नवीनता हो तो और भी आकर्षक होगा इसमें पंच की कमी भी मुझे महसूस हो रही है। इस तरह मुझे लगा इस कथ्य को अभी और समय देना चाहिए।

यह तो महज एक लघुकथा की बात है इस तरह और भी लघुकथाएं हैं जब हम लिखते हैं या जब हमारे मस्तिष्क में आती है तब स्थितियां कुछ और होती हैं क्योंकि उस समय हमारे समक्ष केवल एक दृश्य या वह स्थिति होती है जहाँ से हम घटना को उठाते हैं किन्तु जब हम इसे कागज पर उतारते हैं तब तक इस लेखन यात्रा में कई सहयोगी हमारे होते हैं। यथा- शब्द, भाव, पात्र जो हम गढ़ते हैं, कल्पना ...आदि। तब हम देखते हैं कि कथा के रूप में परिवर्तन आ गया है। यही वो तथ्य हैं जो एक लघुकथा को मुकम्मल बनाते हैं। इसके लिए मैंने अपने साक्षात्कार में लिखा भी है,

"एक तपेली में चाय के लिए पानी खौल रहा है, हम उसमे चाय पत्ती डालते हैं, शक्कर, अदरक, इलायची ...आदि। पानी खौल रहा है भीतर ही भीतर, जब हमें लगता है चाय भली –भाँती खौल गई तब हम दूध डालते हैं। दूध डालते ही उफान के साथ चाय बाहर आने को आतुर होती है अगर आँच को धीमा न किया तो। ठीक इसी तरह जब हमारे अपने मन / मस्तिष्क की तपेली में किसी दृश्य अथवा घटना का संवेग खौलता है, हम उसमें भाव, विचारों, कल्पनाओं का मसाला डालकर उसे खौलने दें। आँच को धीमा न होने दें, सम्वेदना का दूध डालते ही लगे कि उबाल

बाहर आने को आतुर है तब लघुकथा को शब्दों में उतार दें। निश्चय ही रचना प्रभावी (चाय स्वादिष्ट) होगी।"

इसलिए कहा जाता है कि लघुकथा कहने को छोटी विधा है किन्तु इसके लेखन की एक लम्बी प्रक्रिया होती है। इसके लिए लेखक में धैर्य की आवश्यकता है यदि हम धैर्य रखते हैं तो निश्चित रूप से हम एक अच्छी लघुकथा साहित्य को दे सकते हैं।

20

डॉ. अंजु लता सिंह

उदयास्त

--ओह!बहुत बुरा हुआ वर्मा दंपत्ति के साथ..अब क्या होगा?बेचारे...

--अकेले ही रह गए दोनों अब तो ..बेटा, बहू, पोते, पोती सारे अमरीका में बस गए जाकर .एक बेटी ब्याह रखी है.वो अपने घर की हो गई.

-अरी हां बहन!पहाड़ सी जिंदगी कैसे कटेगी?दोनों ही बुजुर्ग बीमार वैसे रहवै हैं.

-अरी चौकीदार का परिवार बंगले में ही रहवै है...वोई करैं रात दिन खूब सेवा.

-कलजुग जो ठहरा बहनजी!अपने ना काम आते पराए नैया पार करैं अब तो.

पड़ोस की उन दोनों महिलाओं की बातें सुधा के कानों में पड़ रही थी,जो कटु सत्य के काफी करीब भी थीं.

मृतक महिला का पार्थिव शरीर अंतिम यात्रा हेतु सज्जित किया जा चुका था.

खुसुर फुसुर करते हुए घर की ही औरतों के कुछ बारीक स्त्री-स्वर उभरे-

-पता तो था इन्हें.. छोरी बरसों से कैंसर की मरीज है इनकी,फिर एक दिन तो जाना ही था इसने..

घर में उड़द ना धर रक्खी पाव भर भी..अब भाग रए हैं दुकान पे...हद कर दी..

सूरज उगते ही संस्कार का मुहूरत सुरू हो जाएगा...जल्दी करो.

पंडित जी की आवाज गूंजी.

दाह संस्कार कर लौट आए थे सभी.नीम की पत्तियां चबा,कुल्ला कर सभी फिरसे मुंह लपेटे बैठ गए थे.बातें कुलबुलाने लगी थीं.

-बीबी!परसों से तो सारे हाथ जोड़ जोड़ कर 'भगवान उठा ले इसे' 'भगवान उठा ले इसे' की रट लगा रहे थे जी.

-हालत भी तो भतेरी खराब हो गई वाकी...अरी सेवा करने वाला भी थक लेवै है...

-अरी मेरी माया!अरी मेरी सूरज!कैसी चमकी फिरै थी आंगन में ...अरी मेरी किरना! अरी मेरी जोति!कैसी गई री गगन में ..आंखों का तारा !पापा का प्यारा!हो गया क्यूँ जल मगन रे!

अरी बिटिया अलबेली!जूही चमेली!

कोई ला दो उसे फिर चमन में ..

-हिंदी की मास्टरनी रही हैं न हमारी सासु जी!तभी मरी बेटी के लिये अब भी हिंदी गीत गा रही हैं.

अरे जो हुआ सब ठीक है.अब सोचो आगे की चुप्प रहकर.ये सनराइज तो डेली होगा...फिर डूबेगा भी तो...

रूमाल से होठ दबाए अपनी हंसी दबाकर फिस्स से घर की अमेरिकन बहू पास बैठी अपनी बहन के कान में बुदबुदा रही थी.

<u>लेखक/लेखिका के अनुसार दुर्बलता</u>

कैंसरग्रस्त मरीज युवती का देहावसान, फिर उनकी अंत्येष्टि में भागीदारी, महिलाओं के मध्य वही घिसी पिटी चर्चाएं... अकारण ही बातों में नकारात्मकता का प्राचुर्य तकलीफदेह लगा कहीं। सोचा सबको जग में आना है तो जाना भी सुनिश्चित है।

बस कथावस्तु भलीभांति गुंथ नहीं सकी।

21

डॉ. इंदु गुप्ता

सफीना और साहिल

साक्षात्कार के दौरान एक उम्मीदवार से प्रश्न किया गया, "सूचना का अधिकार अधिनियम' 2005 के बारे में आप अपने विचार व्यक्त करें?"

उत्तर मिला..."सूचना का अधिकार अधिनियम वह जादुई आईना है जो झूठे मुखौटे हटाकर दोषियों को उनके असली चेहरे दिखाकर अंदर-बाहर पारदर्शी कर देता है।"

यही नहीं, यह कांच के चूर्ण में पगा वह मांझा है जो झूठ, फरेब, रिश्वत की डोर से बंधी सुदूर क्षितिज तक उड़ान भरती पतंग को काटकर धरातल दिखा देता है और बेईमानी के भँवर में फँसे ईमानदारी के सफीने को सच्चाई के साहिल की तरफ ले जाता है।"

<u>लेखक/लेखिका के अनुसार दुर्बलता</u>

यों "सफीना और साहिल" लघुकथा का शीर्षक मुझे सदा आकर्षित करता रहा और कभी मैं अपनी लघुकथा पुस्तक इसी नाम से प्रस्तुत करना चाहती थी परन्तु... खैर... वह न हो सका और क्यों न हो सका के बारे में बात करते हैं यानि इस लघुकथा के प्रति अपने मन के फिरने के कारणों की ब्यानी पर ध्यान धरती हूँ कि "सफीना और साहिल" के कौन से पक्षों ने मुझे उसे "कमज़ोर लघुकथा" मानने हेतु बाध्य कियाः

1. अस्तु, यह लघुकथा "सफीना और साहिल" 2005 में पारित एवं लागू क्रांतिकारी निर्णय यानि "सूचना का अधिकार अधिनियम 2005" को विषयवस्तु व आधार बना कर रची गई थी।

2. तत्कालीन समसामयिक स्थिति-परिस्थिति का पर्यवेक्षण कर उस समय उपजे विचार को पिरोकर रची इस लघुकथा का उद्देश्य उस अधिनियम की विशेषताओं, पारदर्शिता, जवाबदेही, पूर्वानुमान तथा भागीदारी से रू-ब-रू करवाकर समाज में सही मायनों में लोकतंत्र की बहाली में सामान्य आदमी/ नागरिक की सहभागिता सुनिश्चित करने तथा अधिनियम के लागू होने पर उस द्वारा सामान्य-जन की जिंदगी में पड़ने वाले प्रभाव व सम्भावित परिवर्तन को दर्शाने हेतु अधिनियम की अत्यावश्यकता अथवा अनिवार्यता के बारे में पाठक वर्ग की चेतना को झंकृत करना था। सम्भवतः लघुकथा द्वारा इस उद्देश्य का प्रणयन हुआ भी।

3. रचना में 'लाघवता' का तत्व भी यथोचित विद्यमान रहा परन्तु मेरे अनुसार "कथा" तत्व तथा उसके परिणामतः मनोरंजन-पक्ष (रूचि) का अभाव रहा यानि सामाजिक-स्थिति को बढ़िया शब्द-चयन से समृद्ध "प्रतीकात्मक कथ्य" में दर्शाने के बावजूद कथ्य के स्तर पर सपाट-सीधी महज़ सूचनात्मक एवं व्याख्यात्मक अभिव्यक्ति के कारण रचना एक उदासीन भाव परोसती हुई है, रूचिकर तथा समृद्ध नहीं हो पाई और अत्यन्त सामान्य हो कर रह गई। क्योंकि लघुकथा में लघु होने पर भी "कथा तत्व" का होना अत्यन्त महत्वपूर्ण है।

4. रचना में भाषा एवं लक्षणा है, संक्षिप्तता, सूक्ष्मता एवं सांकेतिकता व्यंजना में प्रस्तुत है लेकिन कथन स्फीत और नीरस हो गया। विषय को समस्या तथा उसके समाधान स्वरूप में प्रस्तुत न कर पाने के कारण रचना "देखन में छोटे लगैं घाव करैं गम्भीर" वाले स्वरूप में सहज स्वाभाविक अर्थ-गर्भी अभिव्यक्ति पैनी, धारदार और दिलचस्प नहीं बन पाई जो पाठक को आकर्षित करे। इस तत्व की कमजोरी निश्चित ही लघुकथाकार के अनुभव, परिपक्व-दृष्टि एवं सोच की कमी को दर्शाती है कि उसकी कृति पाठक वर्ग का आह! वाह! या कराह! के लिए मुंह खोलने को बाध्य कर पाने में सफल नहीं हो पाई।

5. लघुकथा का खुला अंत पाठक को अपना उप-पाठ रचने तथा अपनी एक मुख्तलिफ सोच विकसित करने का स्थान देता है। लघुकथा "सफीना और साहिल" में भी खुला अंत यों पाठक-वर्ग को अधिनियम के प्रति जागरूक, चैतन्य करता हुआ उसमें सहभागिता करने का अप्रत्यक्ष संदेश देता है परन्तु सीधे पात्रों व सम्वाद के अभाव में यहां भी रोचकता का अभाव खटकता है जो लघुकथा के मारक प्रभाव को कुंद कर रहा है।

6. कथानक की बुनावट का अवलोकन करें तो वस्तुतः अधिनियम के बारे में ब्यानी लेखकीय हस्तक्षेप प्रतीत होती है जिससे कथन संश्लिष्ट हो गया। काश!

अधिनियम का लागू होना, उसके उद्देश्य और प्रभाव नाम-दिए पात्रों के सम्वाद के माध्यम से, रोचक ढंग से सिद्ध करवाया होता तो मनोरंजन-पक्ष से भी रचना सशक्त व बेहतर हो पाती और चित्रांकन भी सहज सम्प्रेषणीय हो पाता और विषय अथवा शीर्षक "सफीना और साहिल" सही तरीके से परिभाषित हो पाता।

22

डॉ. कुमारसम्भव जोशी

असतो मा सदगमय

बहुत पुरानी, बेशकीमती पेण्डुलम घड़ी थी वह। जमीन पर रखी छोटी-मोटी अलमारी सी लगती थी। आजकल तो ऐसी घड़ियाँ म्यूजियम में या भूतिया फिल्मों में ही नज़र आती हैं।

बर्मन साहब तो पूरे चालीस हजार देने को तैयार थे, मगर पिताजी ने बेची नहीं। उन्हें वह घड़ी जान से भी ज्यादा प्यारी थी।

'थी' इसलिए कि अभी-अभी प्रियम दौड़ता हुआ उससे टकराया और वह धराशायी होकर चकनाचूर हो गई।

सभी की साँसें गले में अटक गई। पिताजी का आने का समय हो चुका था और उनके गुस्से से तो पूरा मोहल्ला तक वाकिफ़ था।

प्रियम की आँखों में आँसू आ गए। माँ भी समझ गई थी कि अब तो भूचाल आने वाला है। उन्होने प्रियम को दिलासा दिया कि वे पिताजी को झूठ कह देंगी कि यह कोई बिल्ली-बंदर का काम है। हाँलाकि मन ही मन वे भी डर रही थी कि बिल्ली-बंदर तो इसे हिला भी नहीं सकते थे।

इससे पहले कि वे कोई बहाना सोच पाती, पिताजी ने घर में प्रवेश किया।

जैसा सबको पता था, घड़ी की हालत देखते ही उनका पारा सातवें आसमान पर चढ़ गया।

"किस कमबख्त की कारस्तानी है यह?" पिताजी का हाथ छड़ी पर कसता चला गया।

"जी.. वो बिल्ली... नहीं-नहीं बंदर.. मेरा मतलब.. " माँ को जवाब नहीं सूझा और वे हकलाने लगी।

तभी माँ की ओट से निकलकर प्रियम सामने आया। हाथ जोड़कर घुटनों के बल पिताजी के सामने बैठकर बोला- "पिताजी! मुझे माफ कर दीजिए। यह मेरी ग़लती है, मैंने जानबूझकर ऐसा नहीं किया।"

अवश्यम्भावी परिणाम भाँपकर माँ की हफकियाँ छूट पड़ी।

पिताजी की तनी भँवे कुछ और तनी, फिर ढीली पड़ गई। उन्होने प्रियम को कंधे से पकड़कर उठाया और कहा- "कोई बात नहीं। आईन्दा ख़याल रहे।"

सभी भौंचक खड़े रह गए, जैसे कोई अजूबा देख लिया हो।

"मगर तुम्हें सच बताते हुए पिटाई का डर नहीं लगा?" पिताजी ने प्रियम से पूछा।

"बहुत डर लगा पिताजी। मगर हमारी टीचर ने कहा था कि झूठ बोलने से हमें एक बार लाभ हो सकता है, लेकिन उस झूठ का बोझ और उसका पाप हमारी आत्मा पर जीवन भर रहेगा। इसलिए मैंने सच बोलकर हानि उठाना ठीक समझा।" प्रियम ने बताया।

पिताजी के मन में कुछ कौंधा। वे वहीं स्तब्ध से बैठे रह गए।

कुछ पल बाद वे उठे और फोन मिलाने लगे।

"हैलो!" उधर से आवाज़ आई।

"गायत्री! मुझे माफ कर दे मेरी बहन! मरते समय बाबूजी ने अपनी जायदाद में से तुझे भी आधा हिस्सा दिया था। मैने सच बोलकर आधी जायदाद की हानि उठाने की बजाय झूठ बोला था।" वे रोते जा रहे थे और आँसुओ की धार में मानो बरसों का उनके अन्तर्मन पर पड़ा बोझ पिघल रहा था।

कुछ पल की चुप्पी के बाद गायत्री की आवाज़ आई- "मुझे पता था भैया! मगर मुझे सम्पति में नहीं आपके प्यार में हिस्सेदारी चाहिए थी।"

लेखक/लेखिका के अनुसार दुर्बलता

यह लघुकथा मैंने मार्च 2018 में इसी शीर्षक से लिखी थी।

लघुकथा लिखना प्रारम्भ करते समय मैंने जाना कि लघुकथा लेखन के लिए कुछ बिन्दु विचारणीय है। जैसे लघुकथा भूमिका विहीन हो, सुस्पष्ट प्लॉट या कथानक लिया गया हो, कथानक से न्याय करते शिल्प व शैली का प्रयोग हो, कथा के उत्कृष्ट मोड़ पर प्रभावशाली पंच के साथ अंत किया जाए, रचना एक विसंगति या संदेश को प्रकट करती हो, कम शब्दों में तीक्ष्ण असर हो, अनावश्यक विस्तृत कालखण्ड न हो, कथा पात्रों के माध्यम से कही जाए- लेखकीय प्रवेश न हो, उपदेश देती या बोधकथा न लगे, शीर्षक सटीक हो तथा रचना उद्देश्यपूर्ण व सार्थक हो।

किसी भी रचना को अंतिम रूप देने से पहले मैं इन बिन्दुओं पर अपनी रचना को जरूर परखने की इच्छा रखता हूँ।

प्रस्तुत लघुकथा 'असतो मा सद्गमय' का प्लॉट मैंने असत्य से सत्य की ओर लौटने का लिया था। बच्चे के झूठ बोलकर बचने की अपेक्षा सजा के लिए प्रस्तुत होने की घटना से पिता का मन परिवर्तन और बरसों पुरानी घुटती भूल को सुधारने का प्रयास मेरा कथ्य बना।

कीमती घड़ी के टूटने व बच्चे के भय की घटना ने बिना किसी भूमिका बनाये पात्रों का चित्रण कर दिया। रचना का संदेश स्पष्ट था और महिलाओं को पैतृक संपत्ति से वंचित रखने की विसंगति को भी छूने का प्रयास किया गया था। गायत्री का अंतिम संवाद रचना के चरम पर पंच की तरह था। इससे तत्काल पहले की '...... अन्तर्मन पर पड़ा बोझ पिघल रहा था।' पर भी लघुकथा समाप्त की जा सकती थी।

यानि मेरी सोच के अनुसार इसमें लघुकथा के सारे तत्व थे। फिर भी यह रचना मुझे कहीं चूकती हुई लग रही थी।

मुझे इस रचना का अंत जम नहीं रहा था। इसका प्रथम अर्धांश जितना कसा हुआ और उत्सुकता जगाता लग रहा था, शेषांश व अंत उतना ही अविशेष प्रतीत हो रहा था। आटे में जितना लोच दिया था, रोटी उतनी नरम बनी नहीं।

इसमें मुझे मोटे तौर पर चूक यह लगी कि कारण अर्धांश व परिणाम अर्धांश में पर्याप्त साम्य नहीं बन पा रहा।

रचना बालक 'प्रियम' पर केन्द्रित है, किन्तु अंत में प्रियम से हट जाती है। वहीं वह 'घड़ी', जिस पर काफी पंक्तियाँ खर्च की गई है, उसका कोई रोल पाठक को नज़र नहीं आता।

दूसरी ओर प्रियम की स्वीकारोक्ति तथा झूठ बोलने की बजाय सच कहकर हानि उठाने वाली बात से पिता को अकस्मात बहन के साथ सम्पत्ति बाँटने वाली घटना का स्मरण होना कुछ अस्वाभाविक लग रहा था। हाँलाकि 'पिताजी के मन में कुछ कौंधा' पंक्ति से इसे जस्टीफाई माना जा सकता था।

अंत में मुझे मुख्य पात्र प्रियम पर किसी विध लौटना या उसके माध्यम से समापन करना लघुकथा की पूर्णता के लिए आवश्यक लगा।

प्रस्तुत रूप में अंत अचानक सा होता लगता है, इससे भी मैं संतुष्ट नहीं हो पा रहा था।

शीर्षक में प्रयुक्त श्लोकांश या उसके भावार्थ को भी मैं अंत में किसी संवाद या पंक्ति में लेना चाहता था।

इसमें लघुकथा के लिहाज़ से अन्य कमियाँ भी हैं। जैसे एकाध जगह लेखकीय प्रवेश लगता है, कुछ पंक्तियाँ अनावश्यक हैं। मगर मुकम्मल अंत मिलने पर मैं वह सब सरलता से ठीक कर सकता था। इसलिए वे सब चीजें मैंने बाद के लिए छोड़ दी। हालांकि अंत न सूझने के कारण वे कमियाँ अब भी वैसे ही छोड़ दी गई है।

मैं इस कथानक को बदलना नहीं चाहता था। मैंने इसे अपक्व ड्राफ्ट के रूप में ही छोड़ दिया। काफी दिनों बाद भी मुझे इसका कोई उचित हल नहीं सूझा तो मैंने अपने एक लेखक मित्र से विचार-विमर्श किया। उन्हें भी इसी बात ने अटकाया। उन्होंने जायदाद वाले अंत की बजाय कुछ और सत्य डालने की सलाह दी।

सलाह सही थी, मगर मेरा मन नहीं माना और मैंने इसे यथावत ठण्डे बस्ते में डाल दिया।

एक तरह से देखा जाए तो यह लघुकथा पूरी है। इसमें कथ्य है, कथानक है, शिल्प-शैली भी ठीक है, संदेश है, उद्देश्य है, विसंगति भी है। कुछ एक लेखकीय प्रवेश जैसी छोटी-मोटी त्रुटियाँ, जिनका मुझे भान भी था, के अतिरिक्त कुल मिलाकर ठीक-ठाक ही बन भी पड़ी है। लघुकथा के दोष समझे जाने वाले कालखण्ड आदि से मुक्त भी है।

मगर मेल खाते समुचित अंत के अभाव में यह मुझे संतुष्ट न कर सकी।

अतः मैं इसे अपूर्ण रचना या भविष्य में सुधार-संशोधन किये जाने योग्य ड्राफ्ट की श्रेणी में न रखकर अपनी कमजोर रचना के तौर पर रख रहा हूँ। स्वयं संतुष्ट न हो सकने के कारण इसे न तो फेसबुक आदि सार्वजनिक मंच पर पोस्ट किया गया और न ही प्रकाशन हेतु विचारार्थ कहीं भेजा गया।

23

डॉ. क्षमा सिसोदिया

भावनाओं का संबल

"जहाँ देखूँ बस तुम्हारा ही जलवा है।तुमने तो किसी को भी नहीं छोड़ा,अमीर हो या गरीब

डॉक्टर हो मरीज़ सब तुम्हारी शरण में आजकल नतमस्तक हैं।"

"यह क्या कर ड़ाला जालिम, कि दिल तेरा ही दिवाना हो गया है?, अब तो एक पल भी तुझसे दूर नहीं रहा जाता है।जब भी तुमसे दूर जाती हूँ, तेरी ही याद सताती रहती है, ऐसा लगता है बस सब कुछ छोड़कर तुम्हारे आगोश में ही दिन-रात पड़ी रहूँ, जैसे कोई नई-नवेली दुल्हन अपने पिय के आगोश में रहना चाहती हो।जैसे पिया की याद सताती है, वैसे ही तू भी बन गयी है।"

"तुझे देखते ही झूम उठता है तन-मन,

अभी कुछ मन में ऐसी बात आ गई, कि उम्र हो गयी तुमसे मिलते हुए, फिर भी हर रोज़ ऐसे लगती हो जैसे अभी-अभी अपनी माशूका से मिली हो। दिन भर गर्म कपड़ों में ढकें रहने के बाद भी जो सुख तुमसे मिलता है, वह तो बस...,

आहहहहहहहहहह, लाज़बाब

जैसे कि तुम्ही मेरी दुनिया हो। तुमको ऐसे अपने सीने से चिपकाती हूँ, कि तुम्हारा दुश्मन और मेरा आशिक ठंड किधर से भी आकर तुम्हारी महबूबा पर अपनी ओछी नज़र न जमा सके।

"तू रज़ाई में घुसकर किससे बात कर रही है बिटिया... !!"

"मेरी रज़ाई से"

हाहाहाहाहाहाहाहा-जोर का ठहाका लगाती हुई शीला देवी बोली।

"लगता है तेरा दिमाग भी ठंड से जम गया है, जो पागलों सी बात कर रही है।"

"हा माँ - तू भी ऐसी बातें सोचा और किया कर।इस रज़ाई की कीमत तेरी नज़र में आज कुछ नही है, क्योंकि तेरे पास एक नही कई रज़ाई-कम्बल हैं और दिन भर नख से शिख तक तू गर्म कपड़ों से ढकी जो रहती है।"

लेकिन फुटपाथ पर सोते हुए उन गरीबों के बारे में भी सोचा कर माँ, जो एक पतली सी चादर में अपनी जान को ठंड से बचाने में लगे हैं।"

"मैं आज एक ऐसी ही दुखियारी से मिली तो मुझे एहसास हुआ,कि इसकी क्या कीमत है।

वह अपनी ठंड भरी रातें कैसे काटती होगी?"

अब हर साल की तरह मेरी यह रज़ाई जा रही है दान में और इसके साथ तेरी रज़ाई भी और अपने कुछ गरम कपड़े भी निकाल देना माँ।

इसलिए आज मुझे पूरी रात इससे बात करने दे।

"जैसे पिय से प्रियतमा करती है, तेरी जुदाई की कसम दिल जलने लगता है।ज़रा सा भी तुम्हारी तरफ कोई आँख उठाकर देखता है, तो मन बहकने लगता है कि...,

"क्या बात है, मोहब्बत और मौत की पसंद भी अज़ीब है, एक को दिल चाहिए और दूसरे को धड़कन।"

<u>लेखक/लेखिका के अनुसार दुर्बलता</u>

1- मेरी नज़र से यह रचना इसलिए कमजोर है कि इससे रचनाकार को शीर्षक के साथ हास्य रचना लिखना था और हास्य का पुट देते हुए इसे और रोचक बनाना चाहिए था।

2-अपनी कल्पना के धुन में बहती हुई कलम ने अपनी भावनाओं का ध्यान रखा, लेकिन पाठकों की नज़र से नही देखा। इसलिए इसे पढ़ने में पाठकों को अधिक आनंद नही आया।

3- कथानक का पुट बिल्कुल नया और अच्छा है,लेकिन कथ्य के सम्प्रेषण में....., (ठंड बाधा बन गयी है।) मतलब कथ्य का प्रवाह सही तरीके से प्रवाहित नहीं हो पाया है।

4- दान करने की 'क्षमता और महत्ता' को केंद्र में नही रखा। अगर रचनाकार इसे भावुकता से जोड़ देती, तो पाठकों को अधिक पसंद आता।

5- रचनाकार ने एक नये कथानक को अपने रोचक 'कथ्य' के साथ जोड़ कर (जो हकीकत से जुड़ा भी है) कुछ नया प्रयोग करने का प्रयास अवश्य किया है,लेकिन संवाद में शब्दों को सही तरीके से पिरोने का पिरामिड नही बना पायी है।

6- रचना में शब्दों की मितव्ययिता पर भी ध्यान नही दिया गया है, जो लघुकथा का प्रथम आवश्यक धर्म है।

7- पंक्तियों में कसावट न होने की वजह से रचना अपना पूर्णतः प्रभाव भी नही दे पा रही है।

8- यह शुरुआती दौर (2017) की रचना है, तब लघुकथा के खूबियों की तकनीकी ज्ञान न होने की वजह से भी लघुकथा कमजोर बन गयी है।

9- इस लघुकथा की आखिरी पंक्ति - पंच लाइन भी रचना से मेल नही कर पा रही है।

10-रचनाकार ने रचना में दूसरा शीर्षक (मैं और मेरी रजाई) लिख कर पाठकों में कौतुहल बनाए रखने की कड़ी को कमज़ोर कर दिया है।

24

डॉ. रामकुमार घोटड़

पुनर्गठन

कहा जाता है कि वर्तमान में मनुष्य का जो शारीरिक ढाँचा है, ऐसा पूर्व में नहीं था। प्रारंभिक दौर से शरीर के प्राण अंग दिल, दिमाग और फेफड़े एक जगह ही सीने में स्थित थे। दिमाग, दिल व फेफड़ों को नजदीक से देखा करता था तथा उनके अमानवीय व्यवहार पर अंकुश लगाकर, उन्हें सामान्य प्रणाली में रखने की हरसम्भव कोशिश किया करता था।

शुरुआती दिनों की एक घटना है, दिल एक दिन बहक गया और भावनाओं में बहकर वो अपने मन को किसी एक नारी को दे बैठा।

ऐसा अनैतिक कार्य न करने के लिए, दिमाग व फेफड़ों ने उसे बहुत समझाया लेकिन दिली भावनाओं के आगे वे सफल नहीं हो पाये। अनैतिक सम्बन्धों का जो हश्र होता है, वही हुआ। उस नारी के सम्बन्धियों ने सीने पर चाकुओं से वार करके तीनों प्राण अंगों को छलनी कर दिया जिससे शरीर, आत्मा को समय से पूर्व ही धरती से वापिस लौटना पड़ा। इस घटना के बाद सृष्टिकर्ता को शारीरिक ढाँचे में कुछ बदलाव लाने के लिए सोचने को मजबूर होना पड़ा दिमाग, दिल से इतना दूर हो कि प्रत्यक्ष तौर उसे उसकी प्रत्येक कारगुजारियों को न देख सके, सिर्फ महसूस भर कर सकें तथा दायरे से बाहर निकलने पर अपना बचाव करते हुए उस पर अंकुश लगाने की कोशिश करे। इन सभी बातों को ध्यान में रखते हुए उस पार-अपरमपार निर्माता ने दिमाग को सीने से दूर सुरक्षित स्थान खोपड़ी में स्थापित कर दिया।

<u>**लेखक/लेखिका के अनुसार दुर्बलता**</u>

सन् 2011 में, मैं अपने एकल लघुकथा संग्रह 'संसारनामा' के लिए लघुकथाएँ तैयार कर रहा था तब मैंने सोचा कि कोई ऐसी लघुकथा रची जाये जो नए अन्दाज की हो। उसी समय मैंने पुनर्गठन लघुकथा की रचना की, लघुकथा लिखने के बाद जब मैंने इसे पढ़ा तो मुझे लगा कि इस लघुकथा का शुरुआती लेखन, आधुनिक लघुकथा लेखन जैसा नहीं लग रहा तथा प्रस्तुतीकरण का ढंग भी मुझे मेरी अन्य लघुकथाओं से हटकर लगा इस लघुकथा की प्रभावात्मक शैली व उसका अन्तिम चौथाई हिस्सा ही मुझे पसन्द आया बाकि कथा का शिल्प या अन्य दृष्टि से मुझे यह लघुकथा सन्तुष्ट नहीं कर पाई और मैंने इसे रिजेक्ट करके दूसरी फाइल में रख दी। तभी से यह लघुकथा उसी फाइल में रखी हुई है और मैंने इसे प्रकाशनार्थ अपनी किसी भी पुस्तक के लिए चयन नहीं किया। मेरी कुछेक नापसंद लघुकथाओं में से यह भी एक लघुकथा है।

25

डॉ. शैल चन्द्रा

मदर्स -डे

" सुनो सुनन्दा, कल मदर्स डे है। अम्मा को घर बुलाते हैं। वे खुश हो जाएंगी। वैसे भी पापा के जाने के बाद वे उदास रहती हैं।"

अखिलेश ने अपनी पत्नी सुनन्दा से उत्साहित होकर कहा।

सुनन्दा ने कहा,

"क्या फायदा? वो आएंगीं तो वही जली-कटी सुनाएगीं। पापा के इलाज को लेकर पिछले साल काफी कहा-सुनी हुई थी।"

"ओह, छोड़ो न अब इस बात को। वैसे भी हम साल में एक बार ही तो उन्हें घर पर बुलाते हैं, बाकि सारे त्यौहार चाहे दीपावली -दशहरा या फिर होली हो सारे त्यौहार वो वहीं मनाती हैं।"

यह सुनकर बड़ी मुश्किल से सुनन्दा अम्मा को घर लाने के लिए तैयार हुई।

आज अम्मा को घर लाया गया।उनकी पसन्द का भोजन बनाया गया। खीर -पुड़ी, गट्टे की सब्जी पर ये क्या अम्मा ने भोजन को हाथ तक नहीं लगाया। अखिलेश और सुनन्दा अम्मा के व्यवहार से हतप्रभ थे।

अखिलेश ने पूछा-"अम्मा आप खाना क्यों नहीं खा रही हैं?सब चीज तो आपकी पसन्द का बना है।"

अम्मा ने उदास स्वर से कहा, बेटा, सब कुछ साल में एक बार ही मेरी पसन्द का बनता है।बाकी दिन तो मुझे वृद्धाश्रम का खाना ही खाना पड़ता है। तुम लोग मदर्स डे मुझे घर बुलाते हो।बस इसी से में खुश हो जाती हूँ। मैंने भी बेटा, निश्चय किया है कि इस मदर्स डे में तुम्हारी सलामती के लिए में व्रत रखूँगी।"

यह कहते हुए अम्मा की आँखों में आंसुओं की बूंदें झिलमिलाने लगी।

लेखक/लेखिका के अनुसार दुर्बलता
विषय और शैली कमजोर है।

लेखक/लेखिका के अनुसार दुर्बलता
विषय और शैली कमजोर है।

26

डॉ. संध्या तिवारी

ध्वनि-जेहाद

ग़र आस-पास उनके धार्मिक स्थलों पर लगे लाउडस्पीकर न होते, तो वह तो कब की बेजुबान हो गई होती।

उफ् ! इतना भी चुप्पा होता है, कोई शख़्स।

भाव शून्य चेहरा, दही जमा मुंह।

जुबान जो केवल स्वाद के लिए

हिलती-डुलती,बाकी समय मुख-गह्वर में आराम फरमाती।

लेकिन वह क्या करे, गाना बजाना तो उसकी सांसें थीं उसकी धड़कन थी।

वह यूं ही कुछ भी गाती-गुनगुनाती, या अनजाने ही उनके लाउडस्पीकरों से आती स्वरांगिनियो के साथ बहते- बहते अपना काम निपटा लेती।

रात -दिन 'हम्द-ओ-नात ' सुन-सुन उसे वे सारे याद हो गये...,और चीज़े तो, अब याद करने पर ही याद आतीं।

उसे हर समय कुछ न कुछ गाता गुनगुनाता देख, वह चुप्पा शख़्स मन ही मन कुढ़ जाता होगा, शायद।

आखिर पच्चीस पार हो गये उसे,

ब्याह के आये।

लेकिन मज़ाल है, कि उसे ब्याह के लाने वाला मन कभी तरन्नुम में बंधा हो।

आज इतवार है वह चुप्पा शख़्स जाड़े की गुनगुनी धूप में सरसों के तेल की मालिश कर रहा है और लाउडस्पीकर से झरती स्वरलहरी के साथ धीमे-धीमे गुनगुना रहा है

" करम मांगता हूं, अता मांगता हूं, इलाही मैं तुझ से दुआ मांगता हूं।"

उसे ऊपर से नीचे तक झुरझुरी आ गई, बेसाख़्ता उसके मुंह से निकला ...
हे भगवान... ! "ध्वनि-जेहाद...।"

लेखक/लेखिका के अनुसार दुर्बलता

यह रचना मेरे द्वारा 2017 नवम्बर-दिसंबर के मध्य लिखी गई थी।

यह रचना मुझे लेखन में कमजोर नहीं लगती है, अपने संदेश में कमजोर अवश्य लगती है या यूं कहूं कि किसी मज़हब विशेष की भावनाओं को मेरे लेखन से ठेस न पहुंच जाए इस कारण मैंने इसे आज तक कहीं प्रकाशन के लिए नहीं भेजा।

हालांकि अपने रोजमर्रा के कार्यों में हम इससे दो चार होते रहते हैं।

27

डॉ. सरला सिंह स्निग्धा

अपना कौन?

आज ही 10 बजे से बी.एड का पेपर है और साथ में नन्हे-नन्हे दो बच्चे और बुआ जी ने

घर छोड़ने का अल्टीमेटम दे दिया कि "अभी घर छोड़कर जाओ,चाहे जहाँ जाओ।"

बुआ जी शमिता के पति की सगी बुआ थीं। शमिता उनके पास बी.एड करने के लिए आई हुई थी और उन्होंने उसे एक कमरा दे दिया था।शमिता के दो छोटे बच्चे भी थे एक तीन साल के करीब का और दूसरा लगभग छः माह का। दोनों बच्चों को संभालना,अपनी बी.एड की पढ़ाई करना और साथ में ही बुआ जी की भी तीमारदारी करना। बुआ जी पुराने

सोच वाली संकीर्ण सोच वाली महिला थीं। उनके निगाह में पढ़ाई से ज्यादा अहमियत थी उनकी तीमारदारी। बस तीमारदारी में कमी देखी और आगबबूला हो उठीं।

"बुआ जी आज ही मेरा पेपर है,पेपर देने के

बाद मैं खुद चली जाऊँगी,मुझे तो जाना ही है।"

शमिता ने लगभग गिड़गिड़ाते हुए कहा।

"नहीं जो कह दिया सो कह दिया अभी मेरे घर से निकल जा। चाहे जहाँ जा मुझे कोई मतलव नहीं।बड़ी आई कलेक्टर बनने वाली।"

बुआ जी रौद्ररूप धारण कर चुकी थीं।

"अगर नहीं निकली तो समान उठाकर फेंक

दूँगी।"और उन्होने शमिता का सारा सामान घर के बाहर करवा दिया।

शमिता रोते हुए दोनों बच्चों को लेकर घर से बाहर खड़ी थी,उसे कुछ समझ नहीं आ रहा

था कि क्या करे,क्या ना करे? अचानक उसे लगा की अभी तो पास के मन्दिर में जाकर ठहर जाये फिर सोचती है कि क्या करना है?

उसने रिक्शा किया और उसमें अपना सामान रखकर मन्दिर पहुँच गयी। वहाँ उसने

पुजारी जी से एक दिन ठहरने की अनुमति माँगी। पुजारी जी ने जब सारी बात सुनी तो

तुरन्त बच्चों के खाने पीने की व्यवस्था की और शमिता से बोले,"बेटा पहले अपनी परीक्षा दे

आओ फिर बात होगी। बच्चों की चिंता मत करो उन्हें मैं संभाल लूँगा।"

शमिता एक गैर के हाथों में अपने दोनों बच्चों को सौंपकर परीक्षा देने चली गयी। वहाँ

वह लगभग आधे घंटे लेट हो गयी थी किन्तु परीक्षा देने की अनुमति मिल ही गयी।

"आप इतना लेट कैसे?"शिक्षिका ने पूछा।

"कुछ नहीं मैम अभी मुझे पेपर देने दीजिए बाद

में बताऊँगी।"शमिता की आवाज़ भर्राई हुई थी। शिक्षिका ने भी आगे कुछ नहीं पूछा पर वे

समझ गयीं थीं कि मामला गंभीर है।

किसी तरह परीक्षा देने के बाद वह सीधे मन्दिर आयी। वहाँ पुजारी जी ने बच्चों को दूध

पिलाकर सुला दिया था तथा शमिता के लिए भी भोजन बनवाकर रखा था।

" बेटा पहले कुछ खा लो फिर कुछ बात होगी।"पुजारी जी बोले।

-शमिता चुपचाप खाना खा रही थी और आँखों से आँसू बहने को बेताब हो रहे थे। आखिर अपना कौन है?

<u>लेखक/लेखिका के अनुसार दुर्बलता</u>

यह थोड़ी बड़ी है।

28

दिव्या शर्मा

पानी का भविष्य

"मॉम गिव मी सम वॉटर टेबलेट...।"

"बेटा,रूको थोड़ा...आइ एम बिजी। "

"नो.मॉम...गिव मी सम ...।"

"लीसन..एरिक...अब कुछ नही मिलेगा... मैं बजट बना रही हूँ और वैसे भी तुम बार बार कुछ न कुछ खाते रहते हो!फिर प्यास लगती है,कंट्रोल योर सेल्फ...।"इला ने गुस्से में कहा।

"बट मॉम...!"

"नो बट...!जाओ..।"कहकर इला कैलकुलेटर में कुछ जोड़ने घटाने लगी।

"इट्स नॉट फेयर इला!एरिक को टेबलेट क्यों नहीं दे रही हो?"विल्सन ने कहा।

"तुम्हें दिख रहा है न मैं क्या कर रही हूँ?वैसे भी तुम दोनों बाप बेटे ने सारे बजट को बिगाड़ दिया है।"इला गुस्से में थी।

"हमनें!कैसे?"विल्सन ने पूछा।

"यस...। इस महीने तुम चार बार नहाए हो...तुम्हें मालूम हैं न नहाने के लिए दो सिलेंडर से ज्यादा हम अफोर्ड नहीं कर सकते.. कितना महंगा है!और ऊपर से ऑक्सीजन!"इला ने गुस्से से कहा।

"सच में हवा और पानी के रेट आसमान छूते जा रहे हैं... सारी सैलरी इसी में चली जाती है।" विल्सन परेशान होकर बोला।

"तभी कह रही हूँ...सेव मनी..।वरना प्यास बुझाने की टेबलेट कैसे खरीदेंगे!!"

"कितनी भी सेविंग्स कर लो इला लेकिन हर बार यह सेविंग्स कम पड़ जाती है।"विल्सन ने दुखी होकर कहा।

"मैं तो यह सोच कर परेशान हूँ कि आने वाले समय में क्या यह वॉटर सिलेंडर भी अवलेबल होंगे!!"

इला के सवाल से विल्सन थर्रा गया।

<u>लेखक/लेखिका के अनुसार दुर्बलता</u>

यह मेरी इसी वर्ष लिखी गई लघुकथा है जो मुझे कथ्य और शैली दोनों में ही कमजोर लगी। तथ्यात्मक रुप से भी लघुकथा से संतुष्ट नहीं रही।

हालांकि मेरा उद्देश्य लगातार घटते जलस्तर की तरफ ध्यान इंगित कराना था लेकिन उसमें मैं पूरी तरह सफल नहीं हो पाई इसलिए इस लघुकथा को मैंने अपने फोल्डर में विश्राम के लिए छोड़ दिया।

मेरा प्रयास रहेगा कि मैं इस पर काम करके कुछ सुधार पर पाऊं लेकिन यह कब होगा पता नहीं।

29

नीता सैनी

अन्धविश्वास

"आ गये आप? दो दिन की बोलकर गए आज चार दिन में लौटे हो। किसी की कोई परवाह नहीं कम से कम अपने काम का तो ख्याल कीजिये या वो भी मै ही देखु?"

बहन के घर से चार दिन बाद लौटे, कैलाश को चाय का कप पकड़ाते हुए वेणु ने कहा।

"हां हां, सब कुछ तुम ही तो करती हो। कोई मजे में नहीं घूम रहा था, जब बीमार बहन के घर गया तो उसने कहा की कल मुझे बाबाजी के पास ले चलना। कह रही थी "भैया मेरे तो प्राण बाबाजी ने बचा लिए वर्ना आज आपको ना मिल पाती आपकी बहन"

"उसको लेकर गया था। बड़े सिद्ध बाबा है, मुझे देखते ही बता दिया कि बहुत ही दुखी दिखते हो !! कितने बच्चे है तुम्हारे? तो मैंने बता दिया कि दो बेटी हैं। कितनी कितनी बड़ी हैं? बाबाजी ने पूछा तो मैंने बता दिया की बड़ी चौदह साल की है छोटी ग्यारह साल की"।

"फिर क्या कहा बाबाजी ने?"वेणु ने सवाल किया।

कुछ नहीं अगले वीरवार फिर बुलाया है बड़ी बेटी को साथ ले जाना है साथ में कुछ पूजा का सामान भी ले जाना है बड़ी के हाथ से ही पूजा करवाएंगे। कह रहे थे की बच्चा तेरे घर जो दो रोटी भी मिल रही है न सब उसकी ही किस्मत से मिल रहा है। एक बार ये पूजा हो जाये तब देखना तेरा घर व्यापार सब दिन दुनी रात चौगुनी तरक्की करेगा "।

"ठीक है मै भी चलूँगी वेणु ने कहा "।

"तुम क्या करोगी? पूजा इसके हाथ से होनी है और मैं तो होऊँगा ही इसके साथ।"

"नहीं मैं अपनी बेटी को यूं किसी बाबा के पास अकेले नहीं जाने दूँगी मुझे किसी बाबा पर कोई यकीन नहीं।"

"तुम्हारा दिमाग तो ख़राब नहीं?" कैलाश ने जोर से चिल्लाकर वेणु को चुप कराना चाहा।

"दिमाग आप अपना ठिकाने पर लाओ। नुकसान आपके व्यापार में हो रहा है। चाहे आप बाबा को अपने ऑफिस में बुलाओ या अपना ऑफिस बाबा जी की कुटिया में उठा कर ले जाओ। मुझे और मेरी बेटियों का आपके सिद्ध बाबा से कोई सरोकार नहीं।"

लेखक/लेखिका के अनुसार दुर्बलता

यह लघुकथा लिखने के बाद मुझे लगा कि पिता सरल स्वभाव के हैं इसलिए बाबा की मंशा समझ नहीं पाए। पिता की नजर में अभी बेटी छोटी है इसलिए ऐसी बात दिमाग में ही नहीं आई। पत्नी बाबा की मंशा समझ गई है। स्त्रियों के पास एक तीसरी आँख होती है।

इस कथा के अंतिम पैरा में पत्नी पति पर ज्यादा ही गुस्सा हो गई है। इस लघुकथा को किसी अन्य तरीके से भी अंत किया जा सकता था।

30

नीलिमा शर्मा

बड़ी वाली लेखिका

"आ जाते है मुँह उठाकर ,क्या समझते है यह फेसबुकिया लोग ? किसी की लिस्ट में हमारा नाम देखा और झट से मित्र प्रस्ताव भेज दिया ।हुह कम से कम 200 लोग मुचएल फ्रेंड हो तभी सोचती हूँ । 50 से कम वालो को तो फॉलो भी नही करनेदेती।"

एक बड़ी वाली लेखिका ने एक बड़े लेखक की तरफ देखकर अपने गालों पर लटकते बालो को कानों के पीछे घुमाते हुए कहा

"ओह हो, तो आप जब फ़ेसबुक पर आई थी तो 200 फेक मित्रो को ऐड करके आयी होंगी क्योंकि उसके कम में तो आपको भी किसी बड़े लेखक ने ऐड नही किया होगा ।"

"कहना क्या चाहते है आप" लेखिका जी का चेहरा तमतमा उठा

"यह मत भूलिए फेसबुक पर हर कोई जीरो मित्रसूची के साथ आता है और वो कितना भी महान क्यों न हो 5000 से ज्यादा मित्र सूची में ले भी नही सकता।यह मित्र सूचीवाले ही आपको पढ़कर बड़ा बनाये है जो आप आजकल लाइव आ रही है "

अवाक लेखिका लेखक महोदय को तक रही थी ।उनके इस मुंहलगे लेखक मित्र ने उनका फ़ोन अपने हाथ मे लेकर एक्सेप्ट आल फ्रेंड का बटन दबा दिया

<u>लेखक/लेखिका के अनुसार दुर्बलता</u>

यह लघुकथा काफी अर्से पहले लिखी थी लेकिन कहीं प्रकाशित नही है, क्योंकि यह लघुकथा मुझे खुद ही एक कमज़ोर लघुकथा लग रही थी। इस लघुकथा में लेखिका पात्र का चरित्र सही से विकसित नही किया गया है। उनकी भाषा और

सोच में नकारात्मक ध्वनि परिलक्षित हो रही है। लेकिन इसके नेपथ्य में क्या कारण रहा होगा इस वस्तुस्तिथि का आकलन नही किया गया है। उनकी बात के शब्दों का चयन बेहतर होना चाहिए था। लघुकथा का मूल विचार अच्छा है, लेकिन उसका प्रस्तुतिकरण कमज़ोर है। पंच लाइन कोई नही है। अंत प्रभावशाली नही है। लघुकथा अपना प्रभाव नही छोड़ रही है। सामाजिक संदेश तो एकदम नदारद है। मुझे अपनी यह लघुकथा बहुत शिथिल लगी। मेरी लिखी लघुकथाओं में यह सबसे कमजोर लघुकथा है।

31

पदम गोधा

नाम में क्या रखा है

"मैडम ऊपर से आदेश आया है डिपार्टमैंट का नाम बदलना है!"-सेक्रेटरी मोनिका बोली।

"क्यों...?"-आश्चर्य से कलेक्टर मैडम बोली

"मंत्री जी का कहना है नाम में साम्राज्यवाद की बू आती है।"

"मगर काम तो सब राष्ट्रीयवादी तरीके से ही होता है न?"

"मैडम मंत्री जी चाहते हैं कि उनके कार्यकाल में कुछ क्रियटिव काम हो ताकि लोगों को पता चले कुछ कि कुछ काम हुआ है वरना वो लोगों के बीच चुनाव में किस मुंह से जायेंगे?"

"तो ठीक है नये नाम का बोर्ड बनवा लो और बज़ट बतादो ताकि मंत्री जी से एप्रूव करालें?"

"मैडम मैने बज़ट बना दिया है जरा गौर फरमाने का श्रम करें?"

"अरे रे रे... ये क्या आपने तो पूरे साल के खर्च के बराबर बज़ट बना दिया। नाम ही तो बदलना है...? "

"मैडल केवल बोर्ड से ही नाम नहीं बदलेगा...? सारी स्टेशनरी बदलेगी, बैंक के खाते से नाम बदलेगा.. कम्प्यूटर प्रोग्राम, पत्राचार के हैडिंग और भी बहुत कुछ बदलेगा ...अब इतना खर्चा तो हो ही जायेगा?"

"मोनिका...! मैं मंत्री जी से बात कर लूंगी। तुम अभी नाम परिवर्तन को रहने दो...! वैसे भी नाम में क्या रखा है..?"-कहकर मैडम कलेक्टर ने प्रपोजल को पेंडिंग फाईल में डाल दिया।

<u>लेखक/लेखिका के अनुसार दुर्बलता</u>

कथा तत्व का अभाव। कमजोर पंच लाईन।

कथा तत्व का अभाव। कमजोर पंच लाईन।

32

पम्मी सिंह 'तृप्ति'

लोग तो वही हैं

रिटायरमेंट के बाद शर्मा जी ने, बड़े खुशी से दिल्ली के सोसाइटी में अपार्टमेंट लिया। कर्तव्यनिष्ठा, कायदे कानून और नियमों के पाबंद शर्मा जी बहुत ही खुशमिजाज व्यक्तित्व के मालिक, मौर्या जी भी पड़ोस होने के कर्तव्य खूब निभाया।

" डिंग डौंग "

"अच्छा, शर्मा जी.. आइए बैठिये "

"नहीं, मौर्या जी, थोड़ा जल्दी में हूँ" अगले पांच महीनों के लिए यह पोस्ट डेटेड चेक है, मेंटेनेंस के पैसे हैं।"

" आप मेरा एक काम करना"

"क्या "

" हर महीने सोसाइटी के खाते में ये चेक डाल देना"

"जी जरूर ... पर बात यह है कि अकांउट फ्रीज हुई पड़ी है।"

बैंक नित्य नए-नए दोषारोपण से परेशान हो कुछ पेपर मांग रहा है। जो कमेटी के लोग देने में असमर्थ,केस कोर्ट में ही चल रहा है। दरअसल इस सोसायटी में भी दो तीन गुट बन गए ..जिसकी वजह से...आए दिन बहुमंजिला इमारतों में रहने वाले परेशानियां दिन-ब-दिन बढ़ती जा रही। अति उत्साही स्वतंत्रता से लबरेज महिलाएँ आवेश में बैंक में जाकर पैसे के हेरफेर के शक होने के बिनाह पर आरडब्ल्यू के अकाउंट को ब्लॉक कर दी। काफी समझाया गया पर... उन्हें कौन बताए अकाउंट को पुन: क्रियान्वयन में लाने के लिए तमाम कागजातों से होकर गुजरना पड़ता है। परिणाम स्वरूप बिल्डिंग के रखरखाव, बिजली आग से सुरक्षा

संबंधित कार्य कोने में पड़ गई। "

कहाँ तो, शर्मा जी जैसे बुजुर्ग दंपति चैन से जीने और भागदौड़ से बचने के साथ सुरक्षात्मक दृष्टिकोण से यहाँ फ्लैट लिया, ताकि मिलजुल कर रह तमाम उम्र काट सके।

स्वतंत्रता, अधिकार का गलत मूल्यांकन से समस्त सोसायटी भुगत रही है। कहाँ है वह सामाजिक अधिकार के साथ कर्तव्य की भी बातें। शर्मा जी सोचने लगे चमकती बहुमंजिला इमारतों में भी लोग तो वही हैं।

लेखक/लेखिका के अनुसार दुर्बलता

18 मार्च 2017 को लिखी थी। इसे कहीं प्रेषित न करने की वजह समसामायिक घटनाक्रमों का विवरणात्मक वर्णन है, जो आजकल अधिकतर सोसाइटियों में दिख रहा है। इस लघुकथा में कहानी का कथानक भी दो-तीन चरित्रों में महसूस किया है जो लघुकथा में नहीं होना चाहिए। आधुनिक समाज में व्याप्त आक्रोश एवम् आवेग को चरितार्थ करने का प्रयास है पर एक पंच का अभाव लग रहा है। महिलाओं का एक वर्ग संघर्षरत हैं तो दूसरा वर्ग अतिक्रमण कर नई परेशानियों को भी उभार रहा है, जिसे उठाने का प्रयास किया गया पर पाठकों तक पहुंची नहीं। लघुकथा में समाधान का अभाव है।

33

पूनम झा

धरती पुत्र

"साहब कोनो काम हो तो कहो हम कर देंगे।" एक अधेड़ सा व्यक्ति राजेन्द्र जी से कह रहा था। वेशभूषा से वो मजदूर नहीं लग रहा था। लेकिन बहुत अमीर भी नहीं लग रहा था। किसान जैसा दिख रहा था।

राजेंद्र जी-"कौन सा काम करोगे?"

"कोनो। जैसे बाग बगीचे की साफ-सफाई।"

"वैसे तो माली सब कर जाता है, किन्तु पीछे पेड़ों के नीचे कुछ जंगल सा हो रहा है। क्या तुम से हो जाएगा?" राजेंद्र जी उसकी उम्र और वेषभूषा को देखते हुए शंका जताते हुए पूछा।

"हाँ ..हाँ .साहब सब हो जागा।"

"कितना लोगे?"

"पूरे दिन की मजूरी दे देना साहब। बहुत अच्छे से साफ कर दूंगा।"

"ठीक है।" कहकर उसे कुदाल और खुरपी देते हुए राजेंद्र जी ने पूछा- "तुम कहाँ रहते हो?"

अधेड़-"हम तो साहब यहाँ से 40किलोमीटर दूर गांव में रहत छूं।"

"वहां घर है?"

"साहब गाँव में खेती है म्हारे। बहुत जमीन छे। ट्रेक्टर छे। ट्रैक्टर सं खेत जोतबा छूं। अबार महारे खेत में सोयाबीन का पौधा लहलहाई रहल छे।" अधेड़ के चेहरे पर हरियाली साफ-साफ झलक रही थी।

"जब इतना कुछ है तो फिर यहाँ काम क्यों?" राजेंद्र जी कुछ अचंभित होके पूछे।

"अब का बताएं साहब!!!..... काश्तकार सब भूखो मरे छे। बीज बोवा खातिर कर्ज लेनो पड़ै छे।"

"अच्छा-अच्छा..... ऐसा क्यों?" राजेंद्र बाबू सवालिया नजरों से उसे देखते हुए बोले। वैसे तो आये दिन किसानों की आत्महत्या के बारे समाचार पत्र और टीवी में देखने को मिलता रहता है। आज साक्षात्कार हो गया तो जिज्ञासा बढ गई।

"उपज बहुत कम कीमत में बिके छे। पूरा साल ऊ से घरखर्च कैसे चलोगो?" उसने ही सवाल पूछ लिया।

"..........."

"एही से लोगबाग सूद पर पैसा उधार ले लेत छे। हम कर्जा ना लेई छूं।"

"अच्छा ...."

"साहब हम जमीन से जुड़ल लोग छूं। अबार सोयाबीन पकवा में देर छे। बैठ के का करब? हाथ पैर चलात रहे के चाहे और कोनो काम करवा में शरम काहे। कछु दिन बाद अपना खेत से फुरसत नाही। फुरसत में इधर-उधर कछु कमा ले छूं। जे से घर चलबा में आसानी हो जावा छो।" अधेड़ कुदाल उठाते हुए कहा।

"अच्छा ! आप चलिये अभी चाय बनवाकर भिजवाते हैं।" राजेन्द्र जी को वो मजदूर नहीं धरती पुत्र लग रहा था।

<u>लेखक/लेखिका के अनुसार दुर्बलता</u>

1.) - इस रचना के माध्यम से यह दर्शाने की कोशिश की गई कि एक किसान जो काफी जमीन का मालिक है, फिर भी पैसे के लिए तकलीफ झेल रहा है। लेकिन मुझे लगता है कि यह रचना इसे दर्शाने में पूरी तरह से समर्थ नहीं हुई है।

2.) - इस रचना में यह दर्शाने की भी कोशिश की कि बहुत अधिक सम्पत्ति के मालिक होने के बावजूद भी मजदूरी करने में शर्म महसूस नहीं करता। लेकिन मुझे ऐसा लगता है कि पाठकों को यह विश्वास नहीं दिला पा रही है।

34

पूनम सिंह

भ्रम

"इस धुरी से उस परमात्मा की धुरी तक पहुंचने का जीवन में सिर्फ तीन पड़ावों-बचपन, यौवन, और वृध्वस्था का ही तो फासला था युगल! किसी मोड़ पर तो अपने जन्म के मोल को समझ जाते, अनंत जन्मों के वृताकार को पूरा करने के लिए।

पर तुमने इस जन्म में भी दूसरे पड़ाव पर ही जल्दी निकल जाने का ठान लिया। फिर से एक बार और नई आवृति की परिधि में विचरने के लिए।

सुनीति उदास...मन-ही-मन बुदबुदा रही थी और अनायास ही अतीत के धरातल पर पहुँच गई।

"देखो युगल! भगवान के लिए मान जाओ....संभालो अपने-आप को। अपने जन्म के मोल को इस तरह से ना गंवाओ....किसी मोह में ना फंसो। चंद पलों के भ्रांत सुख के अलाव में इस तरह अपने-आप को जलाने से तुम्हें कुछ हासिल नहीं होगा।"

सुनीति ने फिर थोड़ा रुक कर उदासी भरे शब्दों में कहा....

"इस जन्म में भी फिर से हमारा साथ इसीलिए तो हुआ है ना युगल, ताकि ... तुम मुझसे पार पा सको"।

सुनीति युगल के सामने गिड़गिड़ा रही थी।

"क्षमा करना सुनीति!"

युगल ने अपना हाथ अपने सीने पर रखते हुए कहा,

"आज मुझे अपनी गलती का अहसास हो रहा है...। पर वो मेरे जीवन का हिस्सा कब बन गई, मुझे अहसास ही नहीं हुआ। जीवन के कठिन पलों में उसी ने तो साथ दिया मेरा, जिसके सहारे मैंने कामयाबी की सीढ़ियां तय की। फिर धीरे धीरे मेरी

साँसें भी उसी के अधीन होती चली गईं।"

तभी उसे लगा जैसे कोई उसे धिक्कार रहा है। अंदर से आवाज़ आई.....

"नहीं युगल! मैंने तो तुम्हें हमेशा से ही चेताया था ना कि मेरे नजदीक मत आओ...मुझसे दूर रहो...बर्बाद हो जाओगे। मेरा क्या है....मैं तो हूं ही ऐसी। मुझे स्पर्श करने वाला हर प्राणी धीरे धीरे मेरे आगोश में समाकर राख में तब्दील हो जाता है। पर नहीं....तुम नहीं माने। तुम अपनी कमजोरियों को मेरा नाम देते रहे। आज तुम्हारी वही दुर्गति हुई, जिसका भय था मुझे, और जो सबकी होती है।"

"तुम ठीक कह रही हो माया तुम जीत गईं मैं हार गया...।"

डॉक्टरों ने युगल को जवाब दे दिया था।

युगल के बचने की कोई उम्मीद ना देख सुनीति अपने सर को दोनों घुटनों के मध्य रखकर अंतहीन वेदना के अंध कूप में समाती चली गई।

"तुम कहां हो सुनीति? मुझे क्षमा कर दो... मैं तुम्हारे अस्तित्व को समझ नहीं पाया। ..चलो सुनीति.. तुम भी मेरे साथ ही चलो.ओ.गी.. ना.."

सुनीति को तो उठना ही था..

"हां....चलो युगल! मैं तुम्हारी आत्मा.... तुम्हारे अनंत जन्मों की सहयात्री, फिर से एक बार और नव शरीर की यात्रा में....."

सुनीति आज संज्ञाशून्य दृष्टि से युगल को "धुएं" के छल्ले में एकाकार होते हुए देख रही थी...।

<u>लेखक/लेखिका के अनुसार दुर्बलता</u>

मेरी लिखित लघुकथा ' भ्रम ' में कुछ कमजोरियां रह गई हैं जिसकी वजह से मैं इसे अपनी कमजोर लघुकथा की श्रेणी में रखना चाहती हूँ। कथा लिखना शुरू करते समय नशा किसी इंसान का किस कदर विनाश करती है यही दिखाना उद्देश्य था। कथा की शुरुआत में इंसानी जीवन के तीन अवस्थाओं का जिक्र करके यह बताने का उद्देश्य था कि इंसान अपने जीवन के मोल को समझे व बुराइयों से दूर रहे लेकिन कथा यहीं से अध्यात्म का आभास करा रही है और पाठक ऐसा महसूस करते हैं जैसे यह जन्म मरण के चक्र से छूटकर मोक्ष की तरफ इशारा करती हुई कोई कथा है।

अगले अनुच्छेद में सुनीति और युगल के बीच हुए संवाद से यह स्पष्ट होता है कि युगल अपने कामयाबी के नशे में मोहमाया के नाम पर अनैतिकता व नशे को गले लगा बैठता है जिसके नतीजे में वह उम्र के दूसरे पड़ाव पर ही गंभीर बीमारियों से ग्रस्त हो गया है और अन्ततः उसकी मृत्यु हो जाती है। मेरी नजर में यह लघुकथा अपना संदेश देने में उतनी स्पष्ट नहीं रही है। मोहमाया और

नशे के खिलाफ जागरूक करने के अपने उद्देश्य से भटकर कर कथा सँदेश और अध्यात्म के बीच झूलती हुई पाठकों के मन में भ्रम की स्थिति पैदा करती है ऐसा मुझे महसूस हुआ इसलिए अभी तक इसे कहीं प्रकाशित नहीं किया और अपनी अब तक की सबसे कमजोर लघुकथा मानती हूं। हालांकि इसपर और ध्यान देकर इसे बेहतरीन बनाया जा सकता है! जैसा कि कथा के अनुसार ही मैंने इसके पात्रो का नाम भी चयन किया है। युगल यानी जोड़ा (pair) शरीर और आत्मा का संबंध अनंत जन्मों से है। दूसरा सुनीति जिसकी नीति अच्छी हो। ध्रुव की माता जिनके मार्गदर्शन से ध्रुव, ध्रुव से ध्रुव तारा बने। शीर्षक "भ्रम" संसार एक भ्रम है इससे मुक्ति पाना ही मानव जन्म का अर्थ है।

35

प्रतिभा श्रीवास्तव अंश

मासूम सवाल

"माँ माँ" चिल्लाते हुये 15 वर्षिय कोमल घर मे दाखिल हुई,

"क्या हुआ कोमल "कोमल के चेहरे को आशंका से देखते हुये माँ चिंतित स्वर में पूछ बैठी।

"माँ बताओ ना मेरे पापा कौन है,कहाँ रहते है,वो जिंदा भी है कि नही....माँ कुछ तो बताओ....

कोई तस्वीर तो होगी ना....

कम से कम वही दिखा दो....

मेरी सभी सहेलियां अपने पापा के बारे में बताती है।उनके साथ घूमना-फिरना,मस्ती करना और गलती करने पर पापा से डरना..

माँ कुछ तो बताओ ताकि मैं भी कुछ बता सकू।"

तू हाथ-मुँह धो तब तक मैं खाना लाती हूँ।"यह कहकर श्वेता किचन की तरफ जाने को हुई।

"माँ तुम हमेशा ही ऐसा करती हो,"आखिर बताती क्यों नही....

कोमल उतेजित हो उठी।

"तुम क्या समझती हो माँ, तुम बताओगी नही तो मुझे पता नही चलेगा...

पर मैं तुमसे सुन्ना चाहती हूं।माँ इतनी भी छोटी भी नही".....

यह कहते हुये कोमल ने समाचारपत्र माँ के सामने खोल कर रख दिया..

जिसमे न्यूज था,"एकता कपूर भी बिन-ब्याही माँ बनी,सेरोगेसी से....

"बताओ ना माँ क्या मैं भी....."

बिना कुछ बोले माँ वही सोफे पर बैठ गई।

"बच्चों के लिए पिता भी उतना ही जरूरी है जितना...."

बात खत्म करने से पहले ही माँ ने हाथ जोड़ लिये....

<u>लेखक/लेखिका के अनुसार दुर्बलता</u>

मैं इस कथा को अपनी कमजोर कथा इसलिए मानती हूँ क्योंकि सरोगेसी को मैं एक सकारात्मक नजरिए से पाठक के सामने लाना चाहती थी, पर अधूरा ज्ञान होने के कारण कथा वैसे नही बुन पाई जैसा चाहती थी।

36

मनोरमा जैन पाखी

स्वाभिमान

मोबाइल के मैसेंजर में नीरव के मैसेज बढ़ते जा रहे थे।फोन काल्स डिटेल पर मिस काल्स की संख्या भी। संझा ने सब कुछ साइलेंट पर रख छोड़ा था। मन कहता जबाव दे वो परेशान है।फोन रिसीव कर,नीरव बैचेन हैं।

पर आँखों में छलकते आंसुओं को पी अपने काम में लग जाती संझा।

ट्रिन ट्रिन .....आठवीं बार मोबाइल घनघनाया।

इस बार संझा ने फोन रिसीव कर कर लिया।

"हैलो नीरव!बोलो।मैं बिजी हूँ अभी।"

"अरे यार,ऐसा क्यों कर रही हो मेरे साथ।पंद्रह दिन हो गये न बात करती हो न मैसेज का रेप्लाई।"अगली तरफ कंठस्वर भीगा हुआ था।

"नीरव,रियली आई एम बिजी नाऊ।बाद में फुर्सत से बात करूँ?"मन को न चाहते हुये भी कठोर करते हुये बोली संझा।

"प्लीज संजू,फोन मत काटना।मुझे बताओ न क्या गलती हुई मुझसे।अच्छा रुको।आज शाम को मिलते हैं न वहीं अपनी फेवरिट टेवल नं. 143पर।"नीरव जैसे रिरियाया।

,"न नीरव।आज मुझे अपनी रचना हर हालत में प्रकाशक को भेजनी है।पहले ही बहुत लेट हो गया।और जब मिलना होगा।बता दूँगी।"कहते हुये संझा ने फोन बंद कर दिया।

गालों पर बहते आँसू पोंछते हुये संझा की आंखों के आगे बीता वक्त गुजर गया।किसी आयोजन में दोनों का मिलना।औपचारिक हाय-हैलो,कुछ बातें।और कुछ दिनों में नीरव का इकरार कि वो चाहने लगा है।कुछ है उसमें जो खींचता है

उसे।मन से पूरी तरह टूटी संझा समाज के दायित्वों को निभा रही थी।जैसे मरुथल में बारिश।पर मर्यादा ....वो कैसे त्याग दूँ।वो चुप रही।बातों का सिलसिला बढ़ने लगा।अंजाने ही संझा के चेहरे पर कोमल स्मित रहने लगी।जब नीरव चाहता वो मिलने चली जाती।जब फोन करता,सब काम छोड़ कर रिसीव करती। पर जब संझा का मन होता तो वह इग्नोर कर देता।हमेशा एक ही जबाव व्यस्त हूँ तो.वह स्वयं को अपमानित महसूस करती। वह भी अपने मन में नीरव को जगह दे बैठी थी।

बस अब और नहीं ...वो भी जीतीजागती औरत है।हाड़-माँस से बनी,जज्बात से भरी। किसी को हक नहीं उसकी भावनाओं से खिलबाड़ करने का। उसने खुद के पंखों को सिकोडना शुरू किया।और पंद्रह दिन से नीरव को टोटली इग्नोर।कठिन था संझा के लिए यह। टूटी तो पहले ही थी।पर ....।

पिंग ..पिंग...पिंग ..मैसेज टोन से संझा का ध्यान भग्न हुआ।नीरव का मैसेज "प्लीज,आधे घंटे में मिलो।न मत करना। बहुत चाहता हूँ। नहीं छोड़ सकता तुम्हें।"छलकते आँसू और भीगी मुस्कान लिये संझा ने स्कूटी की चाबी उठाते हुये एक निर्णय लेते हुये आइने पर सरसरी नज़र डाली

<u>लेखक/लेखिका के अनुसार दुर्बलता</u>

मेरे ख्याल से यह कमजोर कथानक है। अनदेखी किसी भी रिश्ते की नींव हिला देती है। फिर नायिका अपने निर्णय पर अडिग न रह सकी,क्यों?

फिर एक नयी चोट खाने के लिए तैयार थी या वह अपना निर्णय सुनाने नीरव के पास गयी? अस्पष्ट है कि टूटी क्यों थी और किस मर्यादा को निभा रही थी।

तो मुझे लगता है यह लघुकथा अस्पष्टता के कारण कमजोर हो सकती है।

37

मनोरमा जैन पाखी

घायल भविष्य

"पहले ही मना किया था तुम्हारे लाड़ले को,कि ई लव शव वाले व्याह हमें न सुहाते।पर एक न सुनी।चार दिन में ही खा गयी हत्यारिन मेरे लाल को।" कमरे की छत को एकटक ताकती बैठी कामिनी को देख सास ने रोना शुरू कर दिया।

"माँ पहले ही कहा था बंगालन है,जादू टोना कर सीधे सादे भैया को फाँस लिया। देखती नहीं कमर तक नीचे झूलते बाल।"ननद ने कामिनी के खुले केशों को नदीदी नज़र से देखा।

"इसकी नज़र इस घर के जमीन जायदाद पर थी। अब भैया के हिस्सा पर ..।"देवर ने सुलगती आँच पे घी डाला।

एक साल की शादी में कौनसा दिन था जब ताने न मिलते कामिनी को।पर किशोर के प्यार में वह सब सह लेती। विधाता को कुछ और ही मंजूर था।कुछ दिन पूर्व एक एक्सीडेंट में किशोर को खो चुकी कामिनी अपनी कोख में पल रहे उसके अंश के बारे में जैसे निर्लिप्त हो चुकी थी।

"ये मनहूस है,हमारे घर की खुशियों को खा गयी। निकालो घर से इसे।.....लोकलाज में झेला तेरह दिन तक,तानों से छलनी कामिनी को।आज घर से निकालने की तैयारी में ताना-लाँछन पुराण शुरु हो चुका था। बेटे के अंश से घर में किसी को कोई सरोकार न था।

"उठ यहाँ से, काला मुँह कर कहीं जाके।"कहते हुये देवर ने झिंझोड़ के खड़ा किया।

"मैं कहाँ जाऊँगी माँजी, मुझे यहीं रहने दीजिए।प्लीज माँजी।
पर उसका रोना गिड़गिड़ाना,सब घरवालों को मजबूत करता गया।

आखिर बेरहमी से घर की चौखट से धक्का दे दरवाजा बंद।

सतमासी गर्भिणी और अब तो घर का दर भी बंद। अनाथ कामिनी को किसीकल्चरर प्रोग्राम में देख किशोर मुग्ध हो गया था। फिर अक्सर अनाथाश्रम जा मिलता रहता। अब कहाँ जाए वो ..

लड़खड़ाते कदम अनजानी दिशा में बढ रहे थे कि अचानक अजीब से दर्द से बदन दोहरा हो गया।कोशिश कर के खुद को सँभाला

"मेरे बच्चे,अब तू ही मेरा जीने का सहारा है।हौसला रख। "पेट पर हाथ रख वह बिलख उठी।

दर्द बढ़ता जा रहा था.।रक्त बहते हुये उस अभागन के मानों पाँव छू गुहार लगा रहा था।

एक अजीब सी बेहोशी में डूबी वहसुनसान सड़क पर ही दर्द से छटपटा रही थी। और कुछ देर बाद सुनसान को चीरती बच्चे की आवाज सुनाई दी। माँ की टुटती साँसे जैसे जुड़ा गयी। बच्चे को गोद में समेट वह आसरा खोजने की चिंता में इधर उधर व्याकुल नज़र से देखने लगी।

उसके पाँवों के नीचे जीर्ण शीर्ण अवस्था में देश का नक्शा था तो गोद में नवजात भविष्य।

<u>लेखक/लेखिका के अनुसार दुर्बलता</u>

लव मैरिज पर सवाल उठाती लघुकथा। क्या रिश्ते इतने संवेदनहीन हो सकते है कि परिवार की अगली पीढ़ी की ही चिंता नहीं। अपने बेटे के अंश को जन्म लेने से पहले ही बाहर कर देना उचित था क्या?

38

माधव नागदा

पुरुष एजेंडा

इस बार चेयरमेन पद के लिए महिला सीट थी। चार पार्टियों की चार महिलाएँ मैदान में उतरीं। पाँचवीं थी एक निर्दलीय प्रत्याशी। सभी पार्टियों के अपने-अपने एजेंडे थे, चुनाव जीतने की अपनी-अपनी रणनीति।

बिशनप्रसाद ने किशनलाल से पूछा, "यार, तुम किस पार्टी को वोट दोगे?"

किशनलाल ने अंगड़ाई लेते हुए जवाब दिया, "कोई पार्टी-वार्टी नहीं। इस चुनाव में मेरा एजेंडा बदल गया है।"

"क्या मतलब?"

"अबकी बार अपने राम वोट उसे देंगे जो जवान, खूबसूरत और स्मार्ट होगी।"

यह सुन बिशन की बांछें खिल गईं। उसे भी किशन का एजेंडा भा गया था।

<u>लेखक/लेखिका के अनुसार दुर्बलता</u>

कहा जाता है कि रचनाकार को उसकी सभी रचनाएँ संतान की तरह प्रिय होतीं हैं। संतान यदि उच्छृंखल हो तो भी उसे पिता का प्यार मिलता ही है। इस भावुकता के चलते ही लेखक तत्काल अपनी रचना का आकलन नहीं कर पाता। किन्तु यदि वह जरा ठहरकर, कुछ समय बीत जाने के पश्चात अपनी रचना पर पुनर्विचार करे तो वह तटस्थता से निर्णय ले सकता है। कई बार लेखक जल्दबाज़ी में रचना को प्रकाशनार्थ भेज देता है। कभी-कभी संपादक की लापरवाही से वह छप भी जाती है। परंतु कालांतर में पुनर्पाठ करने पर लेखक को अपनी रचना की कमजोरियों का एहसास हो ही जाता है।

मेरी लघुकथा 'पुरुष एजेंडा' भी इसी व्यामोह की शिकार रही है। यद्यपि मैंने इसे किसी पत्र-पत्रिका में प्रकाशनार्थ नहीं भेजा है। फिर भी संभालकर रखा है तो

शायद इसी कारण से कि मैं कहीं न कहीं इसके प्रति मोहग्रस्त रहा हूँ। परंतु जब मैं आज इस पर पुनर्विचार करता हूँ तो मुझे यह एक कमजोर लघुकथा लगती है। मेरी दृष्टि से इस लघुकथा में निम्न कमियाँ हैं-

1.लघुकथा ट्रीटमेंट की दृष्टि से स्थूल है।

2.इसमें कोई शिल्पगत सुगढ़ता नहीं है।

3.भाषा कमजोर है।

4.मानवीय संवेदना का अभाव है।

5.लघुकथा यथास्थितिवादी बनकर रह गई है। कोई सार्थक संदेश उभरकर नहीं आ रहा है।

6.पुरुषवर्चस्ववादी मानसिकता का संकेत तो है परंतु नारी अस्मिता की पैरोकार नहीं बन पाई है।

7.सपाटपन है। यहाँ किसी प्रकार की टकराहट, तनाव, द्वंद्व या संघर्ष नहीं आ पाया है। न ही पात्रों की मनःस्थिति को ठीक से उभारा गया है।

39

मिन्नी मिश्रा

नारी एक रूप अनेक

दोपहर का समय था। सभी अपने अपने कमरे में आराम कर रहे थे।

" मैंने बेटी को पुचकारते हुए कहा,देख बेटी तुम्हारी शादी जल्द ही होने वाली है, अब तुम्हें कुछ घर–गृहस्थी की बात समझनी होगी।"

"वो क्या माँ?" बेटी ने तपाक से पूछा

" देख बेटी,शादी के बाद लड़की की भूमिका और जिम्मेवारी ससुराल जाकर कुछ बढ़ जाती है।"

"माँ... और भी समझा मुझे ताकि मैं तुम्हारी बात सही तरह समझ सकूँ।"

"जैसे मुझे देख .... मैं सबेरे उठते ही किचेन में आँख मीचते घुस जाती हूँ, ताकि सब को समय से चाय-नाश्ता मिल सके। फिर दोपहर का खाना बनता है, बीच में झाड़ू –पोछा,कपड़े और बर्तन की धुलाई आदि अनेक काम को निबटाना पड़ता है। कामवाली से काम करवाना कोई मामूली बात थोड़े ही है,आजकल उन्ही की मन-मर्जी जो चलती है।बहुत भाव बढ़े हुए हैं उनके। नौकरी-पेशा वालों को तो कोई चारा नहीं है, उन्हें तो कामवाली पर ही निर्भर रहना पड़ता है।

एक दोपहर ही तो बस अपना होता है बेटी। चाहो सो के बिता लो अथवा टीवी,लैपटॉप,पेपर मैगजीन के साथ वा अपने आलमीरा और बटुए पर अपना मालिकाना हक़ जताओ।शाम होते ही फिर से किचेन का काम शुरू हो जाता है।बीच-बीच में बुजुर्ग और घर में आये गए मेहमान का ख्याल भी रखना पड़ता है।मैं परिवार को खुश रखती हूँ, तभी तो तुम्हारे पापा मुझे हर सन्डे बाहर घुमाने ले जाते हैं।"

<u>लेखक/लेखिका के अनुसार दुर्बलता</u>

यह बहुत कमजोर लघुकथा है क्योंकि,

1. इस कथा को मैंने एक सामान्य घरेलू स्त्री की नजरिये से लिखा था। कथा में एक गृहणी माँ, अपनी बेटी को समझाती है कि "अब तुम्हारी शादी होने वाली है, तुम्हें घर-गृहस्थी संभालनी पड़ेगी। इसलिए अब गृहस्थी की बातों को तुझे अच्छी तरह से सीखना पड़ेगा। माँ अपना ही उदाहरण देकर उसे समझाती है, " जैसे मुझे देख, मैं सबेरे उठते ही किचन में ....।"

2. लेकिन यह कथन आज के सन्दर्भ में बिलकुल उपयुक्त नहीं लगता। क्योंकि, इक्कीसवीं सदी की बेटियां चूल्हा-चौकी तक ही सिमट कर रह जाए, यह तर्कसंगत नहीं है। घर और बाहर दोनों में ताल-मेल बैठाकर वह चलना बखूबी जानती है।

यथार्थ यही है कि आज की पढ़ी-लिखी बेटियां गृहस्थी के खूंटे से बंधे रहना बिल्कुल पसंद नहीं करती हैं। अधिक पढ़ी-लिखी होने के कारण वह स्वतंत्र ख्यालात की होती है और होना भी चाहिए। अपने गुणों के विकास और प्रसार के लिए घर की चारदीवारी से बाहर निकलने का उन्हें अवसर अवश्य मिलना चाहिए। लघुकथा लिखते समय इन सभी तथ्यों का जिक्र मैंने गहराई से नहीं किया है।

3. आज हमारी बेटियां रसोई से निकल कर अन्तरिक्ष तक उड़ान भरना जान गई हैं। सभी क्षेत्रों, यथा-- राजनीति, कृषि विज्ञान, चिकत्सा विज्ञान, रेलवे, खेल, सेना आदि में बेटियों की भूमिका बेटे से थोड़ी भी कम नहीं दिखाई देती। मेरी समझ से इस बिंदु पर मेरी लघुकथा बहुत कमजोर है।

4. जो सन्देश मैं कथा के माध्यम से देना चाहती थी, वो उलझा सा व उद्देश्य से भटका प्रतीत हो रहा है।

5. पंच भी सटीक नहीं लगता है। इस लघुकथा में मुझे अनगिनत कमियां नजर आ रही हैं।

40

मीरा जैन

पक्का इरादा

आज परिधि बेहद खुश थी क्योंकि आज प्रथम बार उसकी जरूरी पाबंदियों पर से रोक हटाते हुए मम्मी पापा ने टूर पर जाने हेतु अपनी

अनुमति प्रदान जो कर दी थी खास तो कोएजुकेशनल टूर था बहुत रिकवेस्ट की तो मान गये -

परिधि सीधे ईश्वर की मूर्ति के
समक्ष पहुँच प्रार्थना करने लगी-

' हे भगवान ! मुझे भी इतनी शक्ति देना कि मै उनके विश्वास पर खरी उतरूं यही मेरी सफलता की प्रथम सीढ़ी है .

<u>लेखक/लेखिका के अनुसार दुर्बलता</u>

1- समसामयिक नहीं लगी आजकल पाबंदी ना के बराबर है.

2- मात्र एक वाकया सी लगी.

3- मैं इसे एक सशक्त लघुकथा की श्रेणी में नहीं रख पायी.

41

मृणाल आशुतोष

प्रतिध्वनि

"क्या है?अभी घर से आये एक घण्टा भी नहीं हुआ है और फोन करना शुरु।" बार बार अवनी का फोन आते देख ऑफिस में आदेश झल्ला उठा।

"अरे,वो....पापाजी...पापा...."

"क्या पापाजी, पापाजी लगा रखा है?रखो फोन, बादमें करता हूँ।"

"अरे!पापाजी बाथरूम में गिर गए हैं!"

"बढ़िया हुआ। खूब बढ़िया हुआ।"

"पागल हो गये हो क्या? लगता है कि कमर की हड्डी टूट गयी है।"

"मना किया था न! और लगाओ इटालियन मार्बल। बहु-ससुर दोनों को बाथरूम में मार्बल फ्लोरिंग ही चाहिए था।"

"बीप....बीप..."

" फोन काट दिया!अपने बाप का भी ख्याल नहीं है इसे। हे भगवान!किस राक्षस से मैंने शादी कर ली।"

मोबाईल की घन्टी बजते ही अवनी ने उठाया। आशा के विपरीत आदेश ही था,"गार्ड को फोन किया है। वह मदद के लिये ऊपर आता ही होगा।अब कैसे हैं पापाजी?"

"भगवान का शुक्र है कि तुमको अक्ल आ गयी। अभी भी दर्द से कराह रहे हैं।"

"एम्बुलेंस आती ही होगी।मैं भी आ रहा हूँ।"

लेखक/लेखिका के अनुसार दुर्बलता

मेरा उद्देश्य दिखावे के चक्कर मे बाथरूम में मार्बल टाइल्स लगाने है जिससे लोग (वृद्ध अधिक) गिर जाते हैं। कभी कभार हड्डी भी टूट जाती हैं। मैं भी एक

बार गिरा था। शुक्र है कि अधिक चोट न लगी।

पर इस लघुकथा में मैं अपने उद्देश्य में सफल न हो सका।

42

मृणाल आशुतोष

गरीबी

अस्पताल से बड़का कक्का को दिखाकर शैलेश जैसे ही गेस्ट हाऊस पहुंचा, मैनेजर ने कहा कि दो मिनट के लिये मिलना।

"किराया नहीं दिए हो क्या? काका पूछ बैठे।"

"नहीं। दो दिन का एडवांस दे दिए थे। होगा कुछ काम इसलिए बुला रहा होगा। अभी मिलकर आते हैं।"

"हाँ मैनेजर साहब, कहिये। क्या कह रहे थे। रिसेप्शन पर पहुंचते ही शैलेष ने पूछा।"

"कुछ नहीं, बस आप कल रूम खाली कर दीजिये।"

"क्या?क्यों?क्या बात हुआ?"

"कुछ नहीं। बस खाली कर दीजिए।"

" अरे बताइयेगा कि क्या हुआ है? या यहाँ मनमर्ज़ी चलता है क्या?"

"आपके साथ जो बूढ़े हैं, वह रात में इतनी जोर जोर से खर्राटा लेते हैं कि सब का नींद खराब हो जाता है। सबेरे से चार-पांच कम्प्लेन आ चुका है।"

" अरे भाई ई तो नेचुरल है। इसमें कोई क्या कर सकता है?"

"आप कुछ नहीं कर सकते हैं तो आपके चक्कर में हम अपना कस्टमर नहीं न खराब करेंगे। खाली करो बस।"

" भाई मेरे सुनो न, गरीब आदमी हैं हमलोग। बहुत दूर से आये हैं। अस्पताल का खर्चा तो आपको पता ही है। केवल नाम का इलाज मुफ्त है। सब दवा बाहर से ही लेना पड़ता है। ऊपर से खाना-पीना का खर्चा। केवल आप ही के गेस्ट हाउस में डोरमेट्री तो है यहाँ। होटल कितना महँगा है, यह तो आप जानते ही हैं न!"

"ज्यादा बहस का कोई फायदा नहीं है। आपकी बात अपनी जगह ठीक है पर आपके लिये हम सब कस्टमर को खाली करा दें,बोलो ! कल खाली कर देना,समझे।"

"क्या करें भगवान?आये थे कक्का के लीवर के इलाज के लिये पर यहाँ तो दूसरे फेरा पड़ गया। अब लगता है कि कल से अस्पताल के बाहर बरामदा पर ही रहना पड़ेगा!"

<u>लेखक/लेखिका के अनुसार दुर्बलता</u>

मेरा उद्देश्य खर्राटा की समस्या को उभारना था। अभी तक इस समस्या पर कोई कथा मेरी नज़र से गुजरी नहीं जबकि यह एक बड़ी समस्या है। कई बार मैं भी भुक्तभोगी रहा हूँ। पर शीर्षक का चयन गलत हुआ और कथा बिखर गई। पाठक गरीबी पर अटक गए। कथा अपने उद्देश्य में सफल न हो सकी।

43

योगराज प्रभाकर

यह दृश्य वह बचपन से ही देखता आ रहा था। वह जब भी देश के मुख्यद्वार की तरफ़ नज़र डालता, तो एक प्रचंड तूफ़ान वहाँ बहुत ही गुस्से और बेचैनी से गर्जता हुआ दिखाई पड़ता। उस तूफ़ान की लाल-सुर्ख़ आँखों में बेहद आक्रोश भरा हुआ होता जैसे सबकुछ जड़ से उखाड़ देने को बेताब हो। जब-जब उसके गर्जने आवाज़ें आतीं तो बड़े-बड़े पेड़ और पुरानी इमारतें थरथर काँपने लगते। बरसों बीत जाने के बाद भी वह तूफ़ान अब तक सीमा के बाहर ही मँडरा रहा था। लेकिन आज उसकी इच्छा बलवती हो गई, उसने फ़ैसला कर लिया की वह इस तूफ़ान का रहस्य जानकार ही रहेगा। वह डरते-डरते मुख्यद्वार तक पहुँचा। तूफ़ान उसे देखकर मुस्कुराया। उसकी प्रचंडता अब पहले जैसी नहीं थी। उसका रंग भी अब पीला-सा पड़ चुका था।

"मैं बचपन से तुम्हें देख रहा हूँ, कौन हो तुम?"

"मैं इंक़लाब हूँ।"

"ओह! तो तुम ही इंक़लाब हो जिसकी प्रतीक्षा करते-करते मेरे बाप-दादा गुज़र गए?"

"हाँ भाई, मैं वही बदक़िस्मत इंक़लाब हूँ।"

"लेकिन करोड़ों लोग मुद्दतों से तुम्हारी राह देख रहे हैं, तुम यहाँ क्या कर रहे हो?"

"मैं सही मौक़े का इंतज़ार कर रहा हूँ। जब वह मौक़ा आया तो मैं अवश्य आऊँगा।"

"लेकिन वो मौक़ा आएगा कब?"

उसने निराशा भरी दृष्टि से दूर एक जीर्ण-शीर्ण-सी इमारत की तरफ़ देखा जहाँ लाल रंग का झंडा धीरे-धीरे फहरा रहा था। और फिर एक ठंडी आह भरते हुए उत्तर दिया,

"जब इस मुल्क में लेफ्ट भी राइट सोचना शुरू करेंगे।"

लेखक/लेखिका के अनुसार दुर्बलता

'लेफ़्ट-राइट' लघुकथा मैंने लगभग एक दशक पूर्व लिखी थी। इसकी आउटलाइनिंग पहले एक रजिस्टर में लिखी थी और काफ़ी समय बाद इसका पहला ड्राफ़्ट कम्प्यूटर पर लिखा। हमारे देश के वामपंथी एक मुद्दत से इन्क़लाब-इन्क़लाब की रट लगे हुए हैं। और इन्क़लाब के नाम पर सोवियत क्रांति का उदाहरण देते हैं। लेकिन वे एक बात समझने में हमेशा से असमर्थ रहे हैं कि भारत की राजनैतिक व सामजिक परिस्थितियाँ तत्कालीन सोवियत रूस से एकदम भिन्न हैं। क्योंकि भारत में लोकशाही है जबकि तत्कालीन सोवियत रूस में ज़ारशाही थी। इस देश के वामपंथी स्वयं ही इस मुद्दे को लेकर भ्रमित हैं, वे आज तक यही निर्णय नहीं कर पाए कि भारत में इन्क़लाब का स्वरूप कैसा होगा और इसका नेतृत्व कौन करेगा।

अब प्रश्न यह पैदा होता है कि मैं इस लघुकथा को 'कमज़ोर' क्यों मान रहा हूँ। इसके पीछे कई कारण और तर्क हैं जो मैं आपके समक्ष प्रस्तुत करना चाहूँगा। लघुकथा की ये पंक्तियाँ देखें,

//जीर्ण-शीर्ण-सी इमारत की तरफ़ देखा जहाँ लाल रंग का झंडा धीरे-धीरे फहरा रहा था।//

भारत में क्या केवल वामपंथ ही कमजोर हुआ है? क्या यह सच नहीं कि आधी सदी से अधिक समय तक सत्ता पर काबिज़ रहा सबसे पुराना राजनैतिक दल भी हाशिए पर आ रहा है? एक बात और मेरे मन में आई कि लाल झंडे के धीरे-धीरे फहराने की बात करके कहीं मैं अनजाने में वामपंथ से हमदर्दी तो नहीं जता रहा? क्योंकि इससे संदेश तो वैसा ही जा रहा था, इसलिए मुझे यह भी लघुकथा की एक कमज़ोरी ही लगी।

लघुकथा की अंतिम पंक्ति देखें, जोकि पंचलाइन है,

//"जब इस मुल्क में लेफ़्ट भी राइट सोचना शुरू करेंगे।"//

यह पंक्ति में केवल कमजोरियाँ ही हैं, जो इस प्रकार हैं:

(i). लेफ़्ट शब्द वामपंथियों के लिए प्रयोग किया जाता है। लेकिन मैंने यह लघुकथा जिन कुछेक लोगों के साथ साझा की थी, उनमें से कई लोगों को 'लेफ़्ट' का अर्थ समझाना पड़ा। अगर कोई बात लेखक को स्वयं एक्सप्लेन करनी पड़े तो

उसे कमज़ोरी ही माना जाएगा।

(ii). दूसरा बिंदु है 'लेफ़्ट' वालों के 'राइट' सोचने का। तो मुझे लगा कि इन्क़लाब आखिर वामपंथियों की बपौती तो नहीं है। केवल 'लेफ़्ट' वालों के 'राइट' सोचने मात्र से ही कोई इन्क़लाब नहीं आने वाला। वैसे भी जिस इन्क़लाब की आवश्यकता हमारे देश को है, उसके लिए तो सभी को मिल-जुलकर प्रयास करना पड़ेगा।

(iii). अगला सवाल ये है कि क्या वामपंथियों के हाथ सत्ता आ जाने से सब कुछ ठीक हो जाएगा? यदि ऐसा है तो पश्चिम बंगाल में तीन दशक से अधिक समय तक वामपंथी दल के सत्तारूढ़ रहने के बावजूद भी वहाँ के लोगों के जीवनस्तर में कोई गुणात्मक सुधार क्यों नहीं आया? सामाजिक व आर्थिक असमानताएँ दूर क्यों नहीं हुईं? यही प्रश्न केरल और त्रिपुरा के सम्बन्ध में भी उठाए जा सकते हैं।

(iv). वैसे भी इस देख के वामपंथियों ने 'राइट' सोचा ही कब है। कौन नहीं जानता कि ये लोग विदेश में बैठे अपने आकाओं के इशारे के बगैर तो साँस भी नहीं लेते। 1962 में चीन-भारत युद्ध के दौरान इनका असली चेहरा देश भी देख चुका है। आठवें दशक में भारत में कम्प्यूटरीकरण का विरोध करने वालों में भी ये लोग सबसे आगे थे। जो देश की संसद से अधिक अपने 'पोलित ब्यूरो' का सम्मान करते हों, वे सही दिशा में कब सोचने लगे?

लघुकथा की एक और कमज़ोर कड़ी, निम्नलिखित पंक्ति है,

// तूफ़ान उसे देखकर मुस्कुराया। उसकी प्रचंडता अब पहले जैसी नहीं थी। उसका रंग भी अब पीला-सा पड़ चुका था। //

यदि तूफान पहले जैसा प्रचंड नहीं रह गया था तो इस बात का पता नायक को क्यों नहीं चला जोकि बरसों से उसपर नज़र रखे हुए था? इसका इशारा लघुकथा में होना चाहिए था, जो नहीं हुआ।

कमज़ोर शीर्षक:

इस लघुकथा का शीर्षक भी मुझे कभी भी पसंद नहीं आया। क्योंकि मेरा मानना है कि शीर्षक यदि प्रतीकात्मक हो तो रचना का प्रभाव बढ़ता है, 'लेफ़्ट राइट' शीर्षक में ऐसी कोई बात ही नहीं है। बल्कि 'लेफ़्ट-राइट' शीर्षक पढ़कर तो पी.टी या परेड की तस्वीर दिमाग़ में उभरती है। वैसे भी इस लघुकथा में पूरी बात ही 'लेफ़्ट' और 'राइट' पर आकर ख़त्म होती है तो इन्हीं दो शब्दों को शीर्षक में प्रयोग कर लेना भी कहीं-न-कहीं शीर्षक निर्धारण के मामले में मेरी केज़ुअल एप्रोच की तरफ़ इशारा करता है।

44

रजनीश दीक्षित

खोखला

साढ़े बारह बजे थे और खुराना साहब भी अपनी केबिन से निकल गए थे। सबने एक-दूसरे की तरफ देखा और अपनी जगह से दोपहर के भोजन के लिए उठ खड़े हुए।

अरे, विनोद तुझे ऑमलेट चाहिए क्या, मैं मँगा रहा हूँ?

नहीं सुरेश, आज मंगलवार है। आज नहीं।

ठीक है, और दिनेश तू इतना बड़ा चिकन अकेले खायेगा क्या? थोड़ा दे न इधर!

हाँ, भई ले ले। मैं देने ही वाला था।

फिर मनीष, आशीष और विकास... सभी ने एक-दूसरे के साथ अपना-अपना भोजन साझा करके खा लिया।

'यार, कितना अच्छा वक्त है ये। काश! हम सब हमेशा एक साथ, एक ही कम्पनी में काम करें और यह दोस्ती बनी रहे। कितना मजा आता है सबके साथ। ऐसा लगता है कि यदि हममें से कोई अलग हुआ तो बहुत दुःख होगा।' वैभव ने रेस्तरां से लौटते वक्त चलते-चलते कहा।

'क्या खाक दुःख होगा हम सबको?' विनोद ने तर्क किया।

'क्यों? तू ऐसा क्यों बोल रहा है?' दिनेश ने सवाल दागा।

'किसी को याद है कि आज विवेक हमारे साथ नहीं था खाने पर। हम सब लोग जो रोज उसके खाने के डिब्बे से गुड़ माँग-माँग कर खाते हैं, किसी का ध्यान गया कि आज विवेक नहीं है? किसी ने पूछा कि आज उसने क्यों छुट्टी ली? किसी ने सुबह से उसे एक फोन करके पूछा कि भई तू कहाँ है और आज क्यों नहीं आया? कहीं कोई परेशानी में तो नहीं है तू?' विनोद की बात पर जैसे सबकी तंद्रा टूटी हो।

अचानक सब एक-दूसरे की तरफ सवालिया निगाहों से देखने लगे।

हाँ, यार। विवेक! आज विवेक नहीं आया? शायद सबके मन में एक ही सवाल था। मरी हुई संवेदनाएँ जैसे अब कुछ कहने को शब्द खोज रहीं थी लेकिन अंतर्मन में एक शून्य पैदा हो चुका था।

लेखक/लेखिका के अनुसार दुर्बलता

मैं इस लघुकथा को कमजोर इसलिए मानता हूँ क्योंकि मैं जिस बात को रेखांकित करना चाह रहा था, उसके साथ न्याय नहीं कर पाया। मैंने मानवीय संवेदनाओं की उथली तस्वीर खींचनी चाही लेकिन फिर भी रंग फीके ही रहे। मुझे ज्ञात है कि कथानक अच्छा है लेकिन फिर भी कथ्य सही नहीं बैठ पा रहा था। यही कारण है कि इस लघुकथा को दो वर्ष पहले लिखा होने के बाद भी अभी तक कहीं प्रकाशन के लिए नहीं भेज पाया हूँ।

यह लघुकथा मैंने 2019 के उत्तरार्ध में लिखी थी जब मैं वियतनाम में एक परियोजना में कार्यरत था। यह कथा एक सच्ची घटना से उपजी थी। हमारे साथ जापान, रोमानिया, हॉलैंड आदि के नागरिक काम कर रहे थे। हम लोगों में बहुत अच्छी मित्रता थी। साथ ही खाना, साथ ही कॉफी के लिए जाना और साथ ही सैर पर भी जाना। हम लोग अक्सर आपस में भी बातें करते कि अगली परियोजना पर भी साथ-साथ ही जाना चाहेंगे। सब ठीक चल रहा था कि एक दिन उक्त घटना घटी जिसमें इस बात की तस्दीक हो गई कि ये भावनाएं संभवतः क्षणिक ही थीं क्योंकि हमारा एक साथी हम सबके बीच बिना बताए अनुपस्थित था। हम लोगों ने साथ में कॉफी पी, दोपहर का भोजन किया लेकिन उसकी याद भी न आई। याद तो तब आई जब शाम की बैठक का कार्यक्रम नहीं मिल रहा था।

45

राहिला आसिफ़ खान

"एक बात कहूँ नेहा ! ये जो तू कर रही है ना,वह ठीक नहीं है।"

"क्या ठीक नहीं है दीदी! कितने प्यार से तो तैयार कर रही हूँ आपको। और ये मोतियों की माला तो देखिये आप पर कितनी फब रही है।" उसने अपनी माला उन्हें पहनाते हुये,जानबूझकर बात बदल दी।

"बन मत ... मैं जो कह रही हूँ तू खूब समझ रही है।"

उनकी बात सुनकर उसके चेहरे पर अजीब सी मुस्कुराहट तैर गयी। वह उनका जूड़ा सँवारते हुए ठंडी सांस छोड़ कर बेफिक्र अंदाज में बोली- "ओह... कहीं आपका इशारा डिवोर्स वाली बात पर तो नहीं?"

" सुन नेहा! एक जरा सी बात पर इतना बड़ा फैसला सही नहीं..., क्या हुआ जो साकेत तुझे एक दिन के लिए भी कहीं नहीं छोड़ता तो ! ये तो उसका प्यार है पगली...ऐसा चाहने वाला पति किस्मत वालों को मिलता हैं।"

"तो ये बात जरा ठोक कर कहो दीदी, और ये भी कह दो कि मैं नाशुक्री हूँ।"

उसकी इस ढिठाई से क्षुब्ध होकर उन्होंने पलट कर तीखी नजर से घूरा और कठोर स्वर में बोलीं-

"हाँ, है तू नाशुक्री। और वो सब भी मुझसे ना उगलवा जिसकी वजह से तेरा दिमाग इस क़दर खराब हुआ है।" उनकी इतनी तीखी प्रतिक्रिया के बाबजूद वह ख़ामोश अतिरिक्त सहज भाव से मुँह में जूड़ा पिन दबाए,अनवरत केश सज्जा बनाने में जुटी रही।

"देख नेहा! सबका अपना-अपना नेचर होता है। अब वह नहीं रह पाता तेरे बगैर तो..."

"तो...?तो उसे प्यार का नाम दे दो,यही ना! दिन-रात की कैद क्या होती है; ये आप सब क्या जानो। मैं मात्र भोग की वस्तु बनकर रह गयी हूँ। " अचानक न चाहते हुए भी अब उसका लहजा तनिक तल्ख हो गया।

"ये फालतू की परिभाषाओं में ना उलझा।माँ को भी पता लग चुका है तेरी कारगुजारियों का। बड़ी व्यथित हैं तेरी वजह से। ये पुरुष प्रेम ऐसा ही होता है।"

"हा...हा...हा...यही बात तो मिथक साबित हो गयी दीदी, कि पुरुष प्रेम ऐसा ही होता है। तभी तो जी उठी हूँ, वरना आप लोगों ने तो कब का मेरा पिंड दान कर दिया था।" सहसा पागलों की तरह ठहाका मार कर वह कठोर हो गई।

"चुप कर... वह पति है तेरा, पूरा अधिकार रखता है। जब चाहे, जैसे चाहे तब...!"

"अच्छा... ! जब चाहे, जैसे चाहे...! पर्सनल प्रॉपर्टी हूँ ना उसकी, यही कहना चाहती हो? बिल्कुल ऐसे जैसे ये माला मेरी है और अब मुझे चाहिए..." उसके बर्दाश्त की हद जैसे इस बात पर सीमा लाँघ गयी। उसने दांत पीसते हुए झटके से दीदी के गले में पड़ी अपनी मोतियों की माला ऐसे खींची कि उसके तेज नाखूनों ने उनके गले पर अपनी छाप छोड़ दी और माला टूट कर पूरे कमरे में बिखर गई।

"ये क्या बदतमीजी है। पागल हो गयी है क्या? अगर अपनी माला चाहिए थी तो अच्छे से भी ले सकतीं थीं।ये कौन सा तरीका है...?" गर्दन पर लगी खरोंच से कराह हुए दीदी ने गुस्से से उबल पड़ी।

"अच्छे से...? क्यों...? मेरी चीज थी, मैंने ले ली। चाहे जैसे लूँ, अधिकार बनता है मेरा...इसे पागलपन कहते है क्या?"

<u>लेखक/लेखिका के अनुसार दुर्बलता</u>

1) मैं अभी तक इसका सटीक शीर्षक नहीं सोच पाई।

2) इस लघुकथा के विषय को लेकर मुझे दुविधा थी, कि इसके जरिये समाज को शायद सही सन्देश नहीं पहुचेगा, क्योंकि इसकी नायका विवाहित होते हुए भी किसी और के प्यार में है। हालांकि वह अपने पति के व्यवहार से आहत है।

3) संवाद थोड़े लंबे है और लघुकथा भी।

4) माला का उदाहरण देकर रचना का तानाबाना बुना, ये भी मुझे कहीं असंतुष्ट कर रहा था, कि इस तरह से बात रखना सही होगा क्या?

46

लक्ष्मी मित्तल

पंखों वाली लड़की

एक न एक दिन, उन्हें अपना घोंसला छोड़, दूसरे घोंसले जाना ही पड़ता है,, उसे भी जाना पड़ा; अपने नए घोंसले में। हालांकि उस नए बसे घोंसले में पर्याप्त मात्रा में दाना पानी मौजूद था, मगर वहां रहती गौरैयों को किसी भी कीमत पर, बाहर कदम रखने की इजाज़त नहीं थी।

लेकिन, नई नवेली गौरैया तो अपने मायके से अपने सपनों की पोटली, साथ लेकर चली थी। अतः उसने आसमां को पाने की अपनी इच्छा,उस परिवार में रह रही अन्य गौरैयों के सामने जाहिर कर दी।

"ऐसी गलती,! गलती से भी मत करना।"

"क्यूं?"

"पंख कतर दिए जाते हैं।"

"मगर क्यूं??"

"क्यूंकि उन्हें पसंद नहीं।"

"सपने हमारे, पंख हमारे, उड़ान हमारी.. फिर उनकी पसंद-नापसंद बीच में कहाँ से आई!!" कहकर, उसने बड़े ही इत्मीनान से अपने पंख खोले और भरपूर आत्मविश्वास से आसमां में ऊंचे उड़ चली।

अब अकेली वह नहीं, बल्कि पूरा काफिला आसमां में उड़ रहा था।

<u>लेखक/लेखिका के अनुसार दुर्बलता</u>

इस लघुकथा में एक लड़की के प्रतीक के रूप में, गौरैया के सटीक प्रतीक का इस्तेमाल न करने को, मेरी, प्रतीकात्मक लघुकथा लिखने की एक असफल कोशिश कहा जा सकता है।

इस लघुकथा की सबसे बड़ी कमजोरी प्रतीकों का सटीक न होना है, जिसके कारण यह कथा कई खामियों का शिकार हो गई।

जैसे कि,

कथा की पहली पंक्ति है: //एक दिन उन्हें अपना घोंसला छोड़ दूसरे घर जाना ही पड़ता है//

अब इस पंक्ति पर प्रश्न उठता है कि एक लड़की के लिए तो ठीक, मगर क्या एक गौरैया भी अपना घोंसला छोड़ दूसरे घोंसले जाती है?

इस प्रश्न के उत्तर के एवज में कथा की यह पंक्ति गलत साबित हो जाती है:

//हालांकि उस नए बसे घोंसले में प्रर्याप्त मात्रा में दाना पानी मौजूद था, मगर वहां रहती गौरैयों को किसी भी कीमत पर, बाहर कदम रखने की इजाज़त नहीं थी//

इसका अर्थ हुआ कि घोंसला नर गौरैया द्वारा बनाया गया। ऐसे में उस घोंसले में एक ही गौरैया के उपस्थित होने की संभावना होगी। अतः अनेकों गौरैयों के होने की संभावना शून्य हो जाती है।

और दूसरा, गौरैयों का संयुक्त परिवार नही होता। अतः कथा की ये पंक्तियां भी अर्थहीन साबित हो जाती हैं।

अब तक जितना मैं प्रतीकात्मक लघुकथा को जान पाई हूँ, उस अनुसार, किसी भी प्रतीकात्मक कथा को लिखने के लिए जो भी प्रतीक चुना जाता है या तो वह सटीक होना चाहिए या उसे सटीक बनाया जाना चाहिए। इस कथा में दोनों ही बातें नदारद हैं। इसीलिए मेरा मानना है कि इन्हीं कमियों के चलते यह कथा एक कमजोर कथा है और ऐसे में इस कथा को किसी पत्र-पत्रिका या किसी अखबार में प्रकाशन हेतु भेजना उचित नहीं कहा जा सकता।

मुझे लगता है, कथा का मूल स्वरूप बदले बिना, इसकी कमियों को सुधारना संभव नहीं।

मगर फिर भी अगर किसी प्रबुद्ध लेखक या पाठक को लगे कि इस कमजोरी को बिना इसका मूल स्वरूप बिगाड़े इसमें सुधार किया जा सकता है, इसे सशक्त बनाया जा सकता है, तो हार्दिक स्वागत है।

47

वंदनागोपाल शर्मा "शैली"

धन्यवाद

विभा के मांगने पर पिताजी जब भी उसे पैसे देते,वह बची हुई चवन्नी या अठन्नी ही क्यों न हो,,,,बराबर लौटाती थी,जबकि मां कहती-" ला मुझे दे दे...!"

और वह यह कहकर मना कर देती कि

"पिताजी से लिए थे, इसीलिए हिसाब भी हम उन्हें ही देंगे!"

पिताजी भी विभा की इन्हीं आदतों से खुश रहते थे।

"पिताजी!आज कॉलेज की परीक्षा फीस जमा करनी बहुत जरूरी है वरना लेट फीस देने की वजह से फाइन लग जायेगा!"

"ये लो पूरे है ....गिन लो...!"

"पिताजी! बीस ज्यादा है..!"

"रखी रहो,कुछ काम आ जाये अचानक तो . ..पास में रहना चाहिए!"

"जी पिताजी! बहुत-बहुत धन्यवाद ...!"

"धन्यवाद क्यों बेटा..?"

"आपने समय पर पैसे दे दिए!"

माता-पिता के लिए 'धन्यवाद' ...शब्द बहुत छोटा है...यह तो हर पिता का फ़र्ज़ है... धन्यवाद शब्द अपने-पराए का भेद बताता है।अगली बार से ध्यान रखना बेटा!"

<u>लेखक/लेखिका के अनुसार दुर्बलता</u>

"धन्यवाद कहना चाहिए बड़ों को" ऐसा कहा जाता है और एक तरफ कहा जाता है कि बड़ो का फर्ज है कि वह बच्चों के लिए कुछ करें, जबकि सबसे बड़ा फर्ज तो पिता का होता है जो बच्चे को काबिल बनाने के लिए उनके पीछे खर्च करतें हैं।

फिर विभा का धन्यवाद कहना क्या औपचारिता मात्र है या फर्ज है कि समय पर यदि पिताजी पैसा नहीं देते तो वह फीस कैसे चुकाती? आदि-आदि।

दोनों ही अपना-अपना फर्ज निभाएं फिर पिताजी का ऐसा कहना कि - अपनों से धन्यवाद कहना अपना-पराया सिखाता है।"

क्या यह भी सही है??

मैंने लघुकथा लिख तो ली, फिर स्वयं से प्रश्न भी पूछने लगी।

48

वन्दना पुणतांबेकर

सफाई

दीपावली के आगमन से पूर्व घर में सफाई का कार्य जोरों पर था। बिट्टू भी अपने पुराने कपड़े,जूते आदि वस्तुओं को बाहर निकाल रहा था। उस दिन अटाले वाले की आवाज भी जोर-शोर से गली में गूंज रही थी।रविवार का दिन था, बिट्टू के पापा ने 2 दिन की छुट्टी लेकर घर में पुताई का काम निकलवाया था। तभी उसके कानों पर मम्मी की आवाज आई...., "बिट्टू अपना पुराना सामान जल्दी ले आओ रद्दी वाले को देना है। बिट्टू अपना सारा सामान ले आया। मगर उसमें उसका एक मनपसंद पुराना खिलौना था। वह उसे देना नहीं चाहता था। दादाजी घर के आंगन में कुर्सी पर बैठ हल्की धूप सेक रहे थे। तभी बिट्टू की मम्मी के गुस्से का गुबार दादा जी को देख उबल पड़ा।वह बाहर आकर बिट्टू के हाथ से वह खिलौना छिनते हुए रद्दी वाले से बोली...," भैया जल्दी करो सारा कबाड़ उठा। लो 2 दिन से काम कर-कर के थक गई हूं। थोड़ा घर साफ हो तो चैन से जी सकूं। बिट्टू मां के शब्दों का मतलब समझ ना सका। लेकिन दादाजी के आंखों में आई नमी अपनी विवशता समझ चुकी थी।

<u>लेखक/लेखिका के अनुसार दुर्बलता</u>

भवनात्मकता की कमी महसूस हो रही थी।

49

विभा रानी श्रीवास्तव

अन्त भला तो...

"नमस्ते आँटी जी!"

मैं बुटीक में अपने कपड़े पसन्द कर रही थी कि लगा किसी ने मुझे ही सम्बोधित किया है। आवाज की दिशा में देखा तो एक प्यारी सी युवती मुझे देखकर दोनों हाथ जोड़कर मुस्कुरा रही थी। लेकिन उसकी मुस्कान और आँखें निश्चेत लगीं।

"खुश रहो सुमन! कैसी हो और क्या कर रही हो आजकल?" मैंने पूछा।

"ठीक हूँ आँटी जी। अभी कुछ नहीं कर रही हूँ।" सुमन ने कहा। उसकी आँखें नम हो रही थीं।

"अब अपने माता पिता को रजामंदी दे दो कि वे तुम्हारी शादी कर दें।"

".....!" सुमन की चुप्पी 'कोई रहस्य है' उगल रही थी।

"आपके सिखाये कटाई और सिलाई और बैंक से आपके ही दिलाये कर्ज से सुमन ने अपना दूकान खोल लिया था।"

कुछ वर्ष पहले मैं मुफ्त में कढ़ाई, सिलाई, स्टोन से ज्वेलरी बनाना सिखाया करती थी। अपने कुछ सहेलियों के संग सुमन मेरे पास सीखने आया करती थी...।

अचानक एक दिन वह मुझसे बोली कि "आँटी जी मेरी शादी तय हो गयी है। कल से मैं नहीं आऊँगी।"

"शादी! तुम्हारी शादी.. अभी तो तुम सातवीं में पढ़ रही हो। कोई कैसे कर सकता है तुम्हारी शादी? 18 साल से कम उम्र की कन्या की शादी करना गलत है। सबको सज़ा हो जाएगी।"

"आँटी जी! इस राज्य में शराब बन्दी है मेरे गाँव में चलकर देखिए हर दूसरे घर में शराब बनता है।" सुमन ने कहा।

दूसरे दिन सुमन नहीं आयी। मैं उसकी सहेली के संग उसके घर जाकर उसके माता-पिता को समझाने की कोशिश की तो पता चला कि उसके दादा अपनी पोती की शादी करना चाहते हैं।

मैं दादा को समझाने का प्रयास की कि "कच्ची उम्र में विवाह के कारण लड़कियों को हिंसा, दुर्व्यवहार और उत्पीड़न का अधिक सामना करना पड़ता है। लड़के और लड़कियों दोनों पर शारीरिक, बौद्धिक, मनोवैज्ञानिक और भावनात्मक प्रभाव पड़ता है...।

वैदिक काल में बाल विवाह का कोई संकेत नहीं मिलता हैं... मध्यकाल के आते-आते जब भारत बाहरी आक्रमणों को झेल रहा था तब बेटियों को विदेशी शासक भोग की वस्तु समझकर अपहरण कर ले जाते तथा उनके साथ सम्बन्ध बना लेते थे... इसी दौर में रोटी-बेटी की कुप्रथा का प्रचलन हो गया..। छोटी उम्र में विवाह हो जाने के कारण दहेज भी कम देना पड़ता था..., आपके साथ तो ऐसी कोई समस्या नहीं। मेरी बात नहीं मानेंगे तो मैं केस दर्ज कर गवाह बनूँगी...।" उस समय शादी टल गयी...।

"पिछले साल सुमन की शादी हुई और शादी के कुछ दिनों के बाद ही विधवा हो गयी ससुराल से अपशगुनी बना बेदखल कर दी गयी..," सुमन की सहेली बता रही थी।

मैं अमेरिका छः महीने के लिए गयी थी लेकिन वैश्विक युद्ध के कारण पटना वापिस आने में पन्द्रह महीने गुजर गए ... यहाँ मेरी जिम्मेदारी प्रतीक्षा कर रही थी। मैं सुमन के साथ उसके घर गयी उसके माता-पिता से मिलने। इस बार दादा की जगह पिता अड़ियल लग रहे थे। मैं उनको समझाने का प्रयास किया कि, "विद्यासागर को ग़रीब और आम विधवाओं की व्यथाओं ने प्रभावित किया और उन्होंने इस कुरीति के खिलाफ़ जंग छेड़ दी। इसके लिए उन्होंने संस्कृत कॉलेज के अपने दफ़्तर में न जाने कितने दिन-रात बिना सोये निकाले ताकि वे शास्त्रों में विधवा-विवाह के समर्थन में कुछ ढूंढ सके।

आखिरकार उन्हें 'पराशर संहिता' में वह तर्क मिला जो कहता था कि 'विधवा-विवाह धर्मवैधानिक है'! इसी तर्क के आधार पर उन्होंने हिन्दू विधवा-पुनर्विवाह एक्ट की नींव रखी। 19 जुलाई 1856 को यह कानून पास हुआ और 7 दिसंबर 1856 को देश का पहला कानूनन और विधिवत विधवा-विवाह हुआ। कहा जाता है कि जिन भी विधवा लड़कियों की शादी वे करवाते थे, फेरों की साड़ी भी वही उपहार

स्वरूप देते थे।

: बताया जाता है कि शांतिपुर के साड़ी बुनकरों ने विद्यासागर के प्रति अपना सम्मान व्यक्त करने के लिए साड़ियों पर बंगाली में कविता बुनना शुरू किया था,

"बेचे थाको विद्यासागर चिरजीबी होए"

(जीते रहो विद्यासागर, चिरंजीवी हो!)

भले ही, इतिहास इस विधवा-पुनर्विवाह पर मौन रहा लेकिन यह शादी पूरे भारत की महिलाओं के उत्थान के लिए एक क्रांतिकारी कदम था। उन क्रांतिकारी कदम के पदचिन्हों पर आप अपने कदम बढ़ाएं और सुमन की पुनर्विवाह करने का प्रयास करें...।"

"सुमन के किस्मत में विवाह का सुख लिखा होता तो यह विधवा ही नहीं होती...," सुमन के माता-पिता एक ही बात तोता की तरह रट रहे थे...।

मैं भी ठान ली कि सुमन को मुरझाने नहीं देना है...और मैं भी लगातार तरह-तरह की दलीलें देती रही और किरण फूटने के साथ सुमन के पुनर्विवाह का निर्णय नया उजाला फैला गया।

पत्थर भले आखरी चोट से टूटता है... परन्तु पहली चोट कभी व्यर्थ नहीं जाती है...।

लेखक/लेखिका के अनुसार दुर्बलता

यूँ तो मैं अपनी लिखी किसी लघुकथा से बहुत सन्तुष्ट नहीं होती हूँ, लेकिन "अन्त भला तो.." शीर्षक वाली लघुकथा अपने लघु आकार को सार्थक करती नहीं दिखलाई दी। सुष्ठु करने पर भाव उभर नहीं रहे थे। विस्तार करने पर कमजोर हो गयी।

50

विरेंदर 'वीर' मेहता

मृत्युलोक-आसक्ति

जैसा कि तय था, निश्चित समयानुसार 'उसका' संबंध भौतिक संसार से टूटते ही उसके सूक्ष्म शरीर को लेकर वे दोनों दूत आपस में वार्तालाप करते हुए अनंत यात्रा पर चल पड़े।

"सच कहूँ तो इस अल्प आयु में, किसी को लेकर जाना बहुत कष्टकारी होता है।" पहले दूत के स्वर में उदास थी।

"हाँ है तो कष्टकारी, अल्प आयु मानव और विवाह के कुछ ही माह बाद उसकी मृत्यु। लेकिन ये बातें हमारे कर्मक्षेत्र से परे है, अतः हमें ऐसा नही सोचना चाहिए।" दूसरे ने अपना पक्ष रखा।

"हाँ सही कहा तुमने, लेकिन क्या ये आश्चर्यजनक नहीं कि जीवन पर्यन्त दुःखों का भागीदार बनने के बाद भी मानव इसी योनि में बारम्बार आना चाहता हैं।"

"मेरी नज़र में तो नितांत मूर्ख और असहज बनाया हैं ब्रह्मदेव ने इस योनि के प्राणी को, जो तमाम कष्टों के बाद भी मृत्यु की अपेक्षा जीवन से ही प्रेम करता हैं, अमर हो जाना चाहता है मूर्ख।" अपनी बात कहते हुये वह खिलखिला दिया।

"शायद. . . ! लेकिन पहला दूत नही हँसा, अलबता वह और गंभीर हो गया। "पर शक्तियों से परिपूर्ण होते हुये भी हम इसके लिए कुछ नहीं कर सकते, क्या ये हमारी अकर्मण्यता नही?"

"नहीं हम कुछ नियमों के अधीन है और सभी कुछ मूक रहकर देखने के लिये बाध्य भी।"

"लेकिन हम अपने विशेषाधिकार से इस आत्मा की कोई एक इच्छा तो पूरी कर ही सकते है न!"

"हाँ क्यूँ नहीं? इसके जीवन के अतिरिक्त कुछ भी।" कहते हुये उसकी दृष्टि 'जीवात्मा' पर जा टिकी।

. . . मृत शरीर का वह सूक्ष्म अंश, जो अब तक इस अनंत यात्रा का मूक हिस्सा बना हुआ था, एक क्षण ठहर कर बोल उठा। "क्या ये संभव है कि आप मेरी पत्नी के गर्भ से जन्म ले सके। उसने अभी कुछ दिन पहले ही मुझे ये ख़ुशी की खबर दी थी।"

"संभव है पुत्र, लेकिन....!" दूत ने गंभीर स्वर में कहा। "....दुर्भाग्यवश तुम्हारी संतान भी तुम्हारे समान अल्पायु ही होगी, अर्थात तुम्हारे पिता को अपने जीवन में एक बार फिर इस दर्द को सहन करना होगा।"

"स्वाभाविक ही होगा है ये सब, पर शायद इस अल्पावधि में ही आप मानव के असीमित दर्द सहने की क्षमता और मानव जीवन के प्रति उसके अत्यधिक मोह का कारण अवश्य समझ जाएंगे। बस यही मैं चाहता हूं।" अपनी बात पूरी करते हुए उसके चेहरे पर एक आत्मसंतुष्टि की भावना आ चुकी थी।

<u>लेखक/लेखिका के अनुसार दुर्बलता</u>

हालांकि इस बात से इंकार नहीं किया जा सकता कि प्रत्येक रचनाकार के लिए अपनी रचना प्रिय होती है, और इसी मोहवश वह अपनी रचना की कमज़ोरियों को ढूंढ पाने में हमेशा ही सफल नहीं हो पाता। लेकिन फिर भी लेखन की परिपक्वता समय के साथ अपने लेखन में कमियों का आभास करवाने में सहायक अवश्य हो जाती है।

यहां पर मेरे द्वारा प्रस्तुत लघुकथा वर्ष 2018 में रची गयी। रचना अपनी समझ के अनुसार पूर्ण होने के बाद भी रचना से मैं संतुष्ट नहीं हो पा रहा था और जहां तक मुझे याद है, शायद ही मैंने इसे किसी सोशल समूह या पोस्ट में शेयर किया हो। अपने एक दो वरिष्ठ मित्रों के सम्मुख अवश्य रचना को रखने का साहस किया जहां मुझे कुछ नकारत्मक उत्तर और कुछ सकारत्मक सुझाव भी मिले। लेकिन इसे एक सार्थक लघुकथा के रूप में पूर्ण स्वीकृति नहीं मिली।

लघुकथा में कथ्य के तौर पर मुझे कोई कमी नहीं लग रही थी लेकिन कथ्य द्वारा संप्रेषित संदेश पर मैं संशय में था। जहां तक संवाद और शैली का प्रश्न था, मैं इससे संतुष्ट था लेकिन रचना के अंत में दी गई पंच लाइन पूरी तरह मेरी आशाओं पर खरी नहीं उतर रही थी। और सबसे बड़ी बात थी वरिष्ठ मित्र द्वारा मिली यह टिप्पणी, कि रचना बतौर कहानी तो विस्तृत की जा सकती है लेकिन लघुकथा के

तौर पर यह बहुत अधिक श्रेष्ठ नहीं है। लिहाज़ा अंततः हुआ यही कि न तो मैं इसे और अधिक सुधार सका और न ही इसका मोह त्याग सका। परिणामतः यह रचना आज भी मेरे अधूरे प्रोजेक्ट में शामिल होकर विचाराधीन है।

51

शशि बंसल गोयल

निवाला

"राम - राम साब " दस-बारह बच्चों के साथ एक अधिकारी को कमरे में प्रवेश करते देख धरती पर उकड़ूँ बैठे कुछ मजदूर स्त्री-पुरुष हाथ जोड़कर खड़े हो गए।

"ये बच्चे तुम लोगों के ही है न? " अधिकारी ने साथ लाये बच्चों की ओर इशारा कर पूछा।

"जी साब जी ! हमाये ही हैं।" कहते हुए एक आदमी बढ़ा और सबसे आगे खड़े बच्चे का कान उमेड़ते हुए बोला-" कों रे नासमिटाँन... का कर दओ तुम लोगन ने?"

"अरे, क्या कर रहे हो? छोडो... कुछ नहीं किया इन्होंने। जाकर बैठो, फिर बताता हूँ।" अधिकारी ने बच्चे को अपनी ओर खींचकर चिपका लिया।

कुछ क्षण ख़ामोशी पसरी रही...

" फिर का हमसे कौनों भूल हो गई साहिब?" अधिकारी के तने भाव देखकर दम साधे स्त्री- पुरुषों में से एक पुरुष ने बगल में बैठे दूसरे पुरुष को हाथ से टल्ला मारने पर डरते हुए पूछा।

"भूल! अपराध कहो अपराध। दिल नहीं पसीजा तुम लोगों का, इतनी सी उम्र में बच्चों को पढ़ाने की बज़ाय काम पर लगा दिया?" अधिकारी तैश में आकर हिकारत से बोला।

" दिल तो पसीजा साब, तबी ...हम ठेरे धिआरी मजूर। खुदे की रोटी के ठौर - ठिकाने नहीं। बच्चन का पेट कैइसन भरें?" स्त्री-पुरुषों के मिश्रित स्वर गूँजे।

" बच्चों का पेट नहीं भर सकते तो पैsss...।" बाकि के शब्द अधिकारी के हलक में ही फँसकर रह गए।

हुआ यूँ था कि गुहार कर रहे इन मजदूरों के मासूम बच्चों को शहर के चूड़ी कारखाने का मालिक रोजगार और भोजन देने का वादा कर उनके गाँव से अपने साथ ले आया था। काम दिया चूड़ी- कड़ों पर एक-एक नग कुशलता से लगाना और एक भी चूड़ी-कड़ा न टूटने देना।बदले में बच्चों को दोपहर में तो थोड़ा सा दाल-भात या रोटी परोस दी जाती, परंतु रात का भोजन उनके दिनभर की कार्य कुशलता पर निर्भर थी। लाख सावधानी रखने के बावजूद बाल श्रमिकों के अकुशल हाथों से अमूमन हर रोज एक-दो चूड़ियाँ टूट ही जाती। जिससे मालिक को बच्चों पर हाथ उठाने और भोजन न देने का बहाना मिल जाता।वे मासूम रोते हुए भूखे ही उसी कमरे में बिछे पुट्ठों पर हाथों का सिरहाना बनाकर सो जाते। गुप्त सूचना पाकर "चाईल्ड लाइफ" के अधिकारियों ने छापा मारा और उन बच्चों को अपने साथ ले आये। उन्होंने उनके मैले-कुचैले वस्त्र देखकर उन्हें नहलाकर पहनने को नए वस्त्र दिये और भरपेट भोजन कराया, सोने के लिए मोटे गद्दे भी दिए।महीनों की भूख-प्यास और थकान से चूर बच्चे जल्द सो तो गए पर वे इतने अधिक भयभीत थे कि पूरी रात घबरा कर उठ बैठते और वहाँ की मद्धिम रोशनी में अपने साथियों को हाथ से टटोलते,राहत की साँस लेते, सो जाते फिर अगले ही पल डर कर उठ बैठते। बच्चों की दयनीय हालात से द्रवित हो तुरन्त घर का पता पूछ एक कर्मचारी को भेज उनके माता-पिता को बुलाया गया जो अब उस अधिकारी के सामने बैठे थे।

" जानते भी हो, तुम्हारे बच्चों को कितना कष्ट दिया उस आदमी ने?" क्रोध से गले की नस खींच आई अधिकारी की।

" बिदले में रोटी तो दी न साब?" सभी आँखों में एक ही प्रश्न तैर रहा था।

" हं हाँ ... दी... पर आधी पेट..." अधिकारी अप्रत्याशित प्रश्न से अचकचा गया।

" औउर आपने बो निवाला भी हमरे बच्चन के मुअ से छीन लओ?" इस बार स्वर रुँधे कंठ और पनियाई आँखों से भरी एक स्त्री का था। बच्चों का भविष्य भाँप अधिकारी के प्रति जैसे उसका डर काफूर हो गया था।

<u>लेखक/लेखिका के अनुसार दुर्बलता</u>

निवाला' लघुकथा मैंने जुलाई 2016 में लिखी थी। लिखते समय लगा था, ये एक अच्छी लघुकथा बनेगी, लेकिन ऐसा नहीं हुआ। इसका सबसे कमजोर पक्ष रहा, बच्चों के साथ क्या घटित हुआ, ये बताने के लिए लिखा गया लंबा अनुच्छेद। ये कथानक जब पढ़ा था, तभी से मन को भा गया था, और इसे लघुकथा में ढालने का तय कर लिया था। इसका कथानक नयापन लिए हुए भी था और समाज की विसंगति को भी दर्शाता था। चूड़ियों के कारखाने में चूड़ियाँ किस तरह बनती हैं, छोटे-छोटे बच्चों का कैसे शोषण होता है, पेट की मजबूरी और गरीबी

माता-पिता को बच्चों के प्रति कैसे निर्मोही बना देती है, हालाँकि इसके पीछे भी वे बच्चों का हित देख रहे होते हैं। ये सब पाठक की नज़र में लाना चाहती थी। यदि इस विवरणात्मक अनुच्छेद को हटाती या संक्षिप्त करती तो जो बात पाठक तक पहुँचाना चाह रही थी, वह पूर्णरूपेण नहीं पहुँचती। मेरे लिए इस लघुकथा में केवल यही अनुच्छेद अधिक महत्वपूर्ण था। पिछले चार वर्षों में अनेक बार इस पर प्रयास किया, लेकिन एक बार भी संतुष्ट नहीं हो पाई। इस अनुच्छेद के प्रति मेरा मोह इस लघुकथा को कमजोर करने का सबसे बड़ा कारण बना रहा। पूरी कथा काल्पनिक थी और अनुच्छेद पूरी तरह यथार्थ। कल्पना और यथार्थ के बीच परस्पर सामंजस्य भी नहीं बैठ रहा था। इस कथा की एक और बड़ी कमजोरी संवेदना के स्तर की है। कथानक बाल शोषण से जुड़ा होने के बावज़ूद भी पाठक को झकझोरता नहीं है। ये मेरी एकमात्र लघुकथा है जिस पर सबसे अधिक चिंतन-मनन किया फिर भी मुक्कमल परिणाम प्राप्त नहीं कर पाई।

52

शील कौशिक

अनर्गल प्रलाप के बीच

वे पाँचों अध्यापक-अध्यापिकाएं मेज के चारों ओर बैठे दसवीं कक्षा केपेपर जाँच रहे थे I

"सुनो...सुनो जरा! क्या लिखा है इस विद्यार्थी ने...'मेरे रश्के कमर, तेरी पहली नजर...' एक हँसी का फव्वारा छूटा ...अच्छा मनोरंजन है I

"इस पेपर में स्माइली के साथ पूरा पत्र लिखा है... 'मुझे पता नहीं मेरे पेपर को चैक करने वाला सर है या मैडम, जो भी है जी! वैसे मैडम हो तो अच्छा है ... मेरे दिल की बात समझ पाएगी I पहली...पहली बार मोहब्बत की है... इस बार बेड़ा पार कर दो, अगली बार खूब पढ़ाई करूँगा, आपके गुण गाऊंगा," नीलिमा ने मुस्कराते हुए पढ़ा I

अभी आधा घंटा हुआ नहीं कि फिर नूरी बोल पड़ी, "देखो तो पूरे पेपर में जय गणेश...जय माता दी...जय बजरंग बली...जय शिव-जय शिव...आप जिसको भी मानते/मानती हो, उसी की कसम आपको...फेल मत कर देना...वरना आपको पाप लगेगा... दुर्भाग्य आपका पीछा नहीं छोड़ेगा I"

"ये सबसे मजेदार है बहुचर्चित हरियाणवी गाने की लाइनें लिखी हैं- छन-छन बोले तेरी तागड़ी, ठाडो मलंग, भीड़ा पलंग...मैं चेतक चलाऊँ...तन्ने चस्का फरारी का I" राज मैडम ने पढ़ कर सुनाया तो सब एक साथ बोले, "वाह भई वाह! इसे तो पास करना ही पड़ेगा I

"बुरा ना मनाना जी मुझे जो आता है वही तो लिखूंगा I मेरे सारे दोस्त मेरे इस पंजाबी सांग पर वारी-वारी जाते हैं...बारम्बार सुनने की फरमाइश करते

हैं I आपके लिए भी लिख रहा हूँ... पसंद आ जाए तो मेहरबानी करके पास जरूर कर देना जी, 'लाके तीन्न पैग्ग वल्लिये...'' फिर से सब ठहाके लगाने लगे I

''इस लड़की ने तो कमाल ही कर दिया...क्या बोल्ड लिखा है- 'सर! प्लीज मस्ट कॉल मी,' साथ में अपना फोन नम्बर लिखा है I''

''ये आजकल के बच्चों को हुआ क्या है? सब कुछ बिना मेहनत के पा लेना चाहते हैं I''

थोड़ी देर बाद रीना को गहन सोच में पड़ा देख कर सबका ध्यान एकदम रीना की ओर गया, ''क्या हुआ रीना?

''इस लड़की ने जो पेपर में लिखा है..

''क्या लिखा है, मुझे दे, मैं पढ़ती हूँ- 'अरे! यह लिखावट तो आंसुओं में भीगी लगती है... कल मेरे साथ उन दरिंदों ने किया उसके बाद मैं कुछ भी

लिखने की स्थिति में नहीं हूँ...सब कुछ भूल गई हूँ... हाँ! इससे निपटने का एक ही रास्ता है कि मुझे पास तो होना पड़ेगा नहीं तो मेरा बाप मुझे स्कूल छुड़वाने के लिए पहले ही जोर डालता है...आप मेरी मदद करें...मैं आपके आगे हाथ जोड़ती हूँ...'' अब तक उत्तरपुस्तिकाओं का मूल्यांकन कर रहे अध्यापकों के सामने अचानक जीवन का एक कठिन प्रश्नपत्र सामने आ खड़ा हुआ थाI

लेखक/लेखिका के अनुसार दुर्बलता

लघुकथा समीक्षा के क्षेत्र में अखिल भारतीय स्तर पर पड़ाव और पड़ताल श्रृंखला में, मैं समीक्षक व समालोचक के रूप में 11 खंडों में आलेख लिख चुकी हूँ, इसलिए लघुकथा के समुचित विधान के बारे में जानती हूं। फिर भी उपरोक्त लघुकथा 'अनर्गल प्रलाप के बीच' को मैंने एक सर्वथा अलग प्रयोग करने की तरह लिखा। परंतु निम्नलिखित कारणों से यह पूर्णता प्राप्त न कर सकी और इस कारण से इसे प्रकाशित न करवा पाई।

लघुकथा का कथानक मौलिक तथा यथार्थपरक है। इसका उद्देश्य अहम है, जिसमें अपने ही घर में अपनों के द्वारा दुष्कर्म से पीड़ित लड़कियों के समाधान के लिए कुछ ठोस युक्ति की तलाश है।

1. इस लघुकथा में हास्य का पुट होने के कारण कहीं यह लघुकथा की गंभीरता के लिए खतरा तो नहीं?

2. लघुकथा सीमित पात्रों को सुनिश्चित करती है, परंतु इस लघुकथा में 12 पात्र आ गए हैं। जिसमें 5 अध्यापक तथा 7 विद्यार्थी हैं। हालांकि ये पात्र लघुकथा के कथानक की मांग के अनुसार हैं।

3. कथा के अंत में पेपर में बिना कुछ लिखे उसे पास करना परीक्षक धर्म के विरुद्ध है। इसलिए इसके समापन बिंदु पर अभी भी अस्पष्ट हूं और इसे लेकर मेरे मन में अभी भी चिंतन-मंथन चल रहा है।

उपरोक्त कारणों से इसे मैंने निरस्त कर दिया है।

53

शेख़ शहज़ाद उस्मानी

जस्ट कीप ऑन ...!

"अंतिम चरण का रण है, संघर्ष बड़ा भीषण है।

"इस अद्भुत सफ़र में अब, ईश्वर की शरण है।"

"मैंने भगवान से न कभी कुछ मांगा है; न ही कभी मांगता हूं!"

"मेरी भी ऐसी प्रवृत्ति नहीं रही! इस दुनिया में ही सब कुछ दिया है ऊपरवाले ने! लेन-देन की परम्परा। स्वर्ग-नरक! हेव फन एंड रिलेक्स! जस्ट गिव एंड टेक!"

"सही कहा! दुनिया के नक़्शे पर अपने मुल्क से ऊपरवालों से डील्स और बिजनिस, बस! ... और अपने देश में रईसों, उद्योगपतियों और नेताओं से! ... है न!"

"यही आज की नीति है, राजनीति है, रणनीति और नियति है, भाई!" यह कहते हुए अत्याधुनिक व्यायाम पोशाक पहने दूसरा अधेड़ नेता पहले के साथ एक आधुनिक पर्यटन-तीर्थ-स्थल के पास एक वृक्ष के नीचे 'रिलेक्सासन' मुद्रा में बैठ गया।

<u>लेखक/लेखिका के अनुसार दुर्बलता</u>

संवादात्मक (कथनोपकथन) शैली में लिखी गई गंभीर कथानक वाली इस लघुकथा में अधेड़ उम्र के दो पात्रों के जीवन की विसंगतियों पर संवाद कराते हुए एक मुलाक़ात में अभिव्यक्त विसंगति को उभारने की कोशिश में कुछ अस्पष्टता महसूस होती है। आरंभ के तीन-चार वाक्यों से पात्रों के व्यक्तिगत जीवन की विसंगतियों पर संवाद प्रतीत होता है; किन्तु आगे के संवादों से देश-विदेश के उद्योग जगत और राजनीतिक-कूटनीतिक जगत का अहसास होने लगता है और रचना में एक साथ कई मुद्दे उभरने लगते हैं।

अंतिम संवाद से जुड़े वाक्यांश से पता चलता है कि अधेड़ उम्र का दूसरा पात्र एक 'नेता' बताया गया है। लेकिन पहला पात्र कौन है व किस जगत या वर्ग से संबंध रखता है, यह स्पष्ट नहीं हो पाया है। अर्थात वह पात्र कोई भी हो सकता है। शक तो यही होता है कि वह भी एक 'नेता' ही है। वे दोनों एक पर्यटन-तीर्थ-स्थल के पास एक वृक्ष के नीचे रिलेक्स करने के लिए एक योगासन की मुद्रा में बैठ जाते हैं। वाक्यांश.. // अत्याधुनिक व्यायाम पोशाक पहने दूसरा अधेड़ नेता ..// से ऐसा लगता है कि दूसरा अधेड़ पात्र यानी 'नेता' एक आधुनिक धनवान व्यक्ति है। लेकिन पहला अधेड़ पात्र भी वैसा ही है और केवल दूसरे के साथ यहाँ मौजूद है अथवा किसी और वर्ग से संबंधित है, स्पष्ट नहीं हो सका है।

ऊपर के संवादों से पात्रों के लिंग, आयुवर्गों आदि के बारे में पता नहीं चलता है। पाठक स्वविवेक से कुछ भी तय कर सकता है। लेकिन प्रयुक्त शब्दों से नेता या व्यापारी होने के संकेत से मिल जाते हैं। पहला संवाद //अंतिम चरण का रण है, संघर्ष बड़ा भीषण है।//.. जीवन की अंतिम आयु अवस्था (प्रौढ़/वृद्धावस्था) की ओर इंगित करता है या राजनीतिक माहौल का; आम चुनावों के संघर्ष का। इसके बाद का दूसरा लयबद्ध सा संवाद.. //"इस अद्भुत सफ़र में अब, ईश्वर की शरण है।"// .. प्रौढ़/वृद्धावस्था में आमतौर के ईश्वर के प्रति समर्पण अर्थात पूजा-पाठ-इबादत में संलग्न रहने की बात इंगित करता है।

इसके आगे का संवाद.. //"मेरी भी ऐसी प्रवृत्ति नहीं रही! इस दुनिया में ही सब कुछ दिया है ऊपरवाले ने! लेन-देन की परम्परा। स्वर्ग-नरक! हेव फन एंड रिलेक्स! जस्ट गिव एंड टेक!"// ... जीवन की सच्चाई बताते हुए दार्शनिकता-आध्यात्मिकता की ओर संकेत करने लगता है।

आशय यह है कि कथनोपकथन में एक तरह का वेरिएशन है। अब इसके बाद के दोनों संवादों पर ग़ौर फ़रमाया जाये :

//"सही कहा! दुनिया के नक्शे पर अपने मुल्क से ऊपरवालों से डील्स और बिजनिस, बस! ... और अपने देश में रईसों, उद्योगपतियों और नेताओं से! ... है न!"

"यही आज की नीति है, राजनीति है, रणनीति और नियति है, भाई!" //

यहाँ देश-विदेश के वर्तमान/ यथार्थ को उभारते हुए उद्योग जगत/ राजनीतिक-कूटनीतिक यथार्थ की बात होने लगती है।

वाक्यांश //पर्यटन-तीर्थ-स्थल के पास एक वृक्ष के नीचे// से पता चलता है कि अपने-अपने क्षेत्रों के वर्तमान और यथार्थ से, दिनचर्या/जीवनशैली से तंग आकर वे दोनों पात्र अंततः एक पर्यटन और तीर्थ स्थल पर रिलेक्स हासिल करना

चाहते हैं।

यह सब पढ़कर ही शीर्षक का भाव व उद्देश्य पूरी तरह समझ में आ पाता है। रचना पढ़ने के पहले शीर्षक /जस्ट कीप ऑन/ से रचना के कथानक का पता नहीं चल पाता है। एक प्रचलित आम उक्ति /जस्ट कीप ऑन/ पाठक को जीवन में यूँ ही चलते रहने का बोध कराती है। चलती का नाम गाड़ी... का संकेत देता हुआ शीर्षक लगता है। कुछ पाठकों को आकर्षित कर सकता है; शेष को नहीं।

शीर्षक अँग्रेज़ी में है। हिंदी में होता, तो बेहतर होता! हिंदी में होता, तो क्या होता? अब मैं सोचता हूँ, तो लगता है कि हिंदी शीर्षक अधोलिखित हो सकते थे :

"चलती का नाम आधुनिक गाड़ी!"

"यूँ ही कटेगा सफ़र!"

"लगे रहो...!"

ये या ऐसे शीर्षक शायद पाठक को आकर्षित या प्रभावित करते।

//जस्ट कीप ऑन//... यह हमारे द्विभाषी बोलचाल में प्रचलित उक्ति है; शायद इसी कारण उस समय मुझे यह शीर्षक सूझा या जँचा होगा। दूसरा कारण यह हो सकता है कि आजकल हिंदी साहित्य में नयेपन के चक्कर में आंग्लभाषा में भी शीर्षक दिये जाने का चलन/ट्रेंड है! लेकिन अब मुझे लगता है कि रचना में दोनों पात्रों के कथनोपकथन में प्रयुक्त भारी से हिंदी शब्दों के कारण शीर्षक भी हिंदी में ही रखा जा सकता था।

इस लघुकथा का उद्देश्य क्या है? किस हद तक वह उद्देश्य पूरा होता लग रहा है; यह विचारणीय है। कथ्य क्या है; कथ्य किस हद तक सम्प्रेषित हो पा रहा है, विचारणीय है। सकारात्मक संदेश सम्प्रेषित हो रहा है या नकारात्मक अथवा पाठक तक केवल एक ज्वलंत मुद्दे के प्रति चिंतन-मनन उत्प्रेरित किया जा रहा है; यह भी विचारणीय है। आज के स्वार्थपूर्ण दौर में, व्यस्तता, आपाधापी, होड़बाज़ी के भौतिकतावादी दौर में और दौड़ में "लेन-देन की परम्परा" यानी "गिव एंड टेक" के उसूल अर्थात "डील्स" / "व्यापारिकता" का समर्थन करती इस लघुकथा में यथार्थ तो है, लेकिन नकारात्मकता है या नहीं; समाजोपयोगी संदेश सम्प्रेषित हो रहा है या नहीं; यह मेरे लिए विचारणीय शेष रहा।

मेरी व अन्य कुछ लघुकथाकारों की लघुकथाओं पर प्राप्त पाठकीय टिप्पणियों से यह पता चलता है कि लेखकीय सोच/हस्तक्षेप या लेखकीय भाषण/उपदेश/ आदर्शवाद होता है या जाने-अनजाने में हो जाता है। तो मेरी इस लघुकथा में.वर्तमान दौर और घटनाक्रमों पर आधारित मेरी ही लेखकीय सोच तो नहीं है उन दो पात्रों के कथनोपकथन में; यह भी मेरे लिए विचारणीय रहा है।

शुरू के संवादों में तुकबंदी/लयबद्धता है। इसे काव्यात्मकता कहा जा सकता है या नहीं; यह तो मैं नहीं कह सकता। लेकिन इनमें स्वाभाविकता है उस लोकेशन पर; यह विचारणीय है। चूंकि दोनों पात्र दोस्त माफ़िक़ प्रतीत होते हैं, ऐसे तुकबंदी वाले संवाद उनके बीच हो भी सकते हैं। किन्तु सवाल तो यह है न कि इससे रचना में गंभीरता आई या हलकापन? पाठक की रुचि रचना को आगे पढ़ने में बढ़ेगी या घटेगी? उसे लघुकथा जैसा आभास होगा या नहीं? वह आरंभ से ही इसे बतौर चुटकुला या लतीफ़ा तो नहीं लेगा?

लघुकथा विधा एकांगी है। रचना जब बहुआयामी होने लगती है, तो या तो फ़लक विस्तार पाता है या कथ्य भटक सकता है! या तो पाठक उलझ सकता है; या पाठक में रचना के प्रति अरुचि पैदा हो सकती है। इस कारण मेरी यह कमज़ोर लघुकथा पुनर्आवलोकन फोल्डर में मिली।

54

शोभना श्याम

क्लास वन ऑफिसर

'इन्हें कहीं देखा हैं लेकिन कहाँ ..?' मैंने अपने दिमाग पर काफी जोर डाला मगर कुछ भी याद नहीं आया ।

मैं अपने एक क्लाइंट से मिलने यहाँ आया था और सोसाइटी के गेट पर बने केबिन में विज़िटर्स-रजिस्टर में अपना नाम ,फोन नंबर आदि भर रहा था। ये बुजुर्ग वही एक कुर्सी पर थके से बैठे थे। कपड़े ऐसे अस्त व्यस्त थे जैसे किसी से हाथापाई हुई हो। आँखों में आंसू थे जिन्हें वो झेंपते हुए छिपाने की कोशिश कर रहे थे।

तभी मेरी नजर उनके दाएँ हाथ के अंगूठे के मोटे से मस्से पर पड़ी और मुझे याद आ गया कि उन्हें कहाँ देखा है।

आज से कोई आठ नौ वर्ष पहले की बात है मैं स्कूल की छुट्टी के बाद अपना बैग आदि उठाकर निकलने ही वाला था कि मुझे स्कूल के प्रधानाचार्य का संदेश मिला जिसमे तुरंत उनके ऑफिस में आने को कहा गया था। मैं वहां पहुँचा तो ये महाशय अपने बेटे के साथ वहां बैठे थे। प्रधानाचार्य ने बताया, ये मेरी शिकायत लेकर आए हैं कि मैंने इनके बेटे को पीटा है। मैंने उन्हें बताया कि पहली बात तो मैंने इसे पीटा नहीं मात्र एक थप्पड़ ही मारा हैं, दूसरे उसने पूरी क्लास को तंग किया हुआ है। न खुद पढ़ता हैं और न ही दूसरे विद्यार्थियों को पढ़ने देता है। आज तो उसने टंगड़ी मारकर एक बच्चे को गिरा दिया और दूसरे की कॉपी फाड़ दी। इस पर मैंने डांटा तो मुझसे जबान लड़ाने लगा। गुस्से में मेरा हाथ उठ गया।

तभी ये तैश में आकर चिल्लाने लगे "तुम दो कौड़ी के मास्टर ! तुम्हारी हिम्मत कैसे हुई मेरे बच्चे पर हाथ उठाने की। क्या तुम्हें मालूम नहीं, विद्यार्थियों पर हाथ उठाना कानूनन जुर्म है ? मैं तुम्हें कोर्ट में ले जा सकता हूँ मेरा बच्चा क्या

झूठ बोल रहा हैं कि तुमने उसे बुरी तरह पीटा है।

एक विद्यार्थी के सामने मेरा इतना अपमान हो रहा था कि शर्म से सिर झुका जा रहा था। फिर भी मैंने साहस कर कहा ,"देखिये आप अपने बेटे की गलत हिमायत और अध्यापकों का अपमान कर ठीक नहीं कर रहे हैं।"

प्रधानाचार्य ने भी मेरी बात का अनुमोदन किया। इसपर इन्होंने तुनक कर कहा, "मैं राजस्व विभाग में क्लास वन ऑफिसर हूँ। ठीक कर रहा हूँ या गलत ये मुझे आप जैसों से सीखने की जरूरत नहीं है। खबरदार जो आगे से मेरे बेटे पर हाथ उठाया तो मैं आपको और स्कूल मैनेजमेंट दोनों को देख लूंगा।"

मैंने कहा, "आप फिर सोच लीजिये, इस तरह आप इसका और अपना दोनों का भविष्य ....

"देखो मास्टर तुम्हारा काम सिर्फ पढ़ाना हैं सो वही करो। आगे क्या होगा वो मैं खुद देख लूंगा।" मेरी बात को बीच में काट कर बोले और गुस्से में पैर पटकते वहाँ से चले गए।

वे ही आज यहाँ इस तरह....?

अचानक वो उठे और काउंटर पर रखे फ़ोन से सौ नंबर डायल कर दिया।

<u>**लेखक/लेखिका के अनुसार दुर्बलता**</u>

इस कथा का अंत प्रभावोत्पादक नहीं बन पड़ा है न ही यह कथ्य यानि वह क्लास वन ऑफिसर जो अपने पैसे और पद के घमंड में चूर होकर अपने जिस बेटे की शरारतों की हिमायत करते हुए उसे दण्डित करने पर उसके अध्यापकों से लड़ते थे और उन्हें अपमानित करते थे आज उसे बेटे के गलत व्यवहार से पीड़ित हैं और अंततः पुलिस को फोन करने पर मजबूर हो गए है, यह पाठकों को स्पष्ट हो रहा है।

दूसरे मेरे द्वारा अपेक्षित धार इस लघुकथा में नहीं आ पायी है।

55

सत्या शर्मा ' कीर्ति '

आईने के पीछे का सच

" हाँ, कहो तुम किस तरह इस चक्रव्यूह में फंसे।" कंधे पर हाथ रखते हुए दोस्त रमेश ने आश्चर्य से पूछा।

सताइस वर्षीय रोहन की आंखे दुःख और पीड़ा से भर गई।

रुंधे गले से कहा -" ओह..आज तुझे मेरे जीवन की कड़वी सच्चाई पता चल गई ,कृपया किसी से शेयर न करना वरना मेरा पूरा परिवार कहीं मुँह दिखाने के लायक नहीं रहेगा।"

" यकीन कर यार, यह दोस्त किसी से कुछ नहीं कहेगा।"विश्वास दिलाते हुए रमेश ने कहा।

दरअसल मेरे पापा की जब मौत हुई मेरे घर की स्थिति ठीक नहीं थी।

घर का सबसे बड़ा बेटा मैं मात्र सोलह साल का था। धीरे - धीरे घर खर्चे चलाने की दिक्कत होने लगी। तो माँ ने कहा -" पापा के ऑफिस जा देख कोई काम मिल जाये।

ऑफिस जाने पर पता चला कोई नई मैंम बॉस बन कर आई हैं।

मेरी समस्या सुन कर बोली - " मुझे तुम्हारे परिवार के साथ सहानुभूति है किंतु उम्र कम होने के कारण यहाँ तो कोई जॉब तुम्हें नहीं दे सकती। हाँ, मैं भी शहर में नई आई हूं मुझे भी एक आदमी की जरूरत है। अगर चाहो तो कल से तुम मेरे घर पर आ जाना।"

" फिर ".... रमेश ने पूछा।

" जब मैं उनके घर पहुंचा तो पता चला वो अकेली रहती हैं कई वर्ष पहले उनका तलाक हो चुका था।

जब मैं उनसे काम पूछा तो मुझे कमरे में ले जा कर ......।

मैं डर कर रोने लगा तो उन्होंने कहा देखो इस मोबाइल में सब सेव है,कहीं कुछ कहा तो रेप केस में फंसा दूंगी, फिर जीवन भर पूरे परिवार सहित चक्की पिसते रहोगे।

उम्र भी कम थी, घर की जरूरत और उनके ब्लैकमेलिंग ने मुझे कुछ भी सोचने के लायक नहीं छोड़ा। "

ओह.... दुःख और घृणा से रमेश की आँखे जल उठी।

फिर थकी हुई आवाज में रोहन ने कहा " हद तो यार तब हो गयी जब मैम अपनी उम्रदराज दोस्तों के पास भी मुझे भेजने लगीं।

और मैं इस नर्क के दलदल में इस तरह धँसता चला गया जहाँ से बाहर आने के सारे रास्ते बंद दिखने लगे।"

"सभी सोचते हैं मैं मैंम का पी. ए. हूँ,अच्छी सैलरी मिलती है , इज्जत है।

पर ..मेरी नजर में मेरी ही कोई इज्जत नहीं यार।

कई बार चाहा आत्महत्या कर लूं पर परिवार की जिम्मेदारियाँ पैरों को जकड़ लेती है।"

और फुट - फूट कर रो पड़ा रोहन।

"सच यार, दुनिया सिर्फ औरतों पर हुए अत्याचार पर आंसू बहाती है किंतु एक औरत हम लड़कों की जिंदगी कैसे बर्बाद कर देती है कोई देख नहीं पाता।" रमेश की आवाज से पीड़ा और घृणा साफ झलक रही थी।

तभी मोबाइल की घण्टी ने दोनों की तन्द्रा तोड़ी।

मैंम का कॉल था।

शायद रात की ड्यूटी का टाईम शुरु हो चुका था।

<u>लेखक/लेखिका के अनुसार दुर्बलता</u>

इस लघुकथा को मैंने कुछ साल पहले लिखा था।

दरअसल यह मेरे ही एक परिचित के परिवार की घटना थी और मैं इसे अपनी लेखनी के माध्यम से लोगों तक पहुँचना चाहती थी।

क्योंकि हमारे यहाँ लड़कियों पर हो रहे अत्याचार की चर्चा तो हमेशा होती है किन्तु स्त्रियों द्वारा लड़कों का भी काफी शोषण होता है, इसकी चर्चा काफी कम होती है।

ऐसे बच्चों की तो पूरी जिंदगी ही बर्बाद हो जाती है उनका आत्मसम्मान खत्म हो जाता है।

ऐसे भी हमारी जो सामाजिक स्थिति है उसमें पुरुष को औरतों से श्रेष्ठ माना जाता है।

ऐसी स्थिति में जब ऐसी घटना होती है तब उस लड़के की मानसिक स्थिति का अंदाज सहज ही लगाया जा सकता है साथ ही समाजिक बदनामी के डर से वह खुद भी किसी से कुछ कह नहीं पाता क्योंकि लोग उसका मज़ाक बनाएंगे।

इसी मानसिक पीड़ा को मैं लिखना चाहती थी किन्तु मैं पता नहीं क्यों इसे काफी कोशिश के बाद भी अच्छी तरह से लिख नहीं पाई।

कई बार लेखनी आपका साथ नहीं देती।

तभी तो कभी-कभी सहज ही कुछ बहुत अच्छा लिखा जाता है किंतु कई बार हम कोशिश करके भी ढंग से लिख नहीं पाते।

फिर भी इस कथा की सार्थकता देखने हेतु एक ग्रुप में इसे पोस्ट की किन्तु जिसका डर था वही हुआ लगभग सभी को लगा मैं कोई सीरियल या सत्यकथा टाइप की कहानी से प्रेरित हो कर लिखी हूँ।

तब मैंने पुनः कोशिश की इसे लघुकथा में ढालने की किन्तु पता नहीं क्यों इसे सत्यकथा के फ्रेम से निकाल कर लघुकथा के फ्रेम में नहीं ढाल पाई।

जबकि इस तरह के शोषण को मैं लोगों के समक्ष लाना चाहती थी।

अंततः लघुकथा के नाम पर कुछ भी लिख देने की भीड़ से बचने हेतु इसे मैंने कहीं भी प्रकाशित होने नहीं भेजा ना ही अपने वॉल पर कभी पोस्ट किया।

56

सारिका भूषण

गांव की याद

" दादा जी, प्लीज़ कुछ भी गांव के बारे में बताइए न ! कैसा होता है गांव? "

" फार्म हाउस की तरह होता होगा शायद, मैंने अपने बुक्स में जो फोटो देखा तो वह तो गुड़गांव वाले फार्म हाउस जैसा ही लग रहा था। ढेर सारे पेड़, घास और बस ग्रीन ही ग्रीन।" दस साल का सचिन अपने दादा जी की ऊँगली खींच कर प्रश्नों के बौछार किए जा रहा था।

" दादा जी प्लीज़ आप मुझे हेल्प कीजिए न ! मुझे हिंदी की मैम ने गांव पर कुछ लिखने का होमवर्क दिया है। " सचिन चिंतित हो उठा था।

छठ पूजा में चंद दिनों की छुट्टी में पहुंचे अपने बच्चों के परिवार को देखकर पापा - मम्मी की ख़ुशी का ठिकाना नहीं था। खासकर पोते - पोती और नाती - नातिन जो उनके जान थे।

एक तरफ पोते के बाल सुलभ प्रश्न चित्त को सुकून दे रहे थे तो दूसरी तरफ इन प्रश्नों की गहराई कुछ सोचने पर मजबूर कर रही थी। पापा को सहसा सोंधी मिट्टी की खुशबू, गांव के गलियारे, खेत और वह बड़ा सा आँगन, माई की डांट, बाबूजी का समझाना सब याद आ रहे थे। घर के सामने का अगस्त का पेड़, छत पर चढ़ी कद्दू और नेनुआ की लत्तरें, जिसमें अतीत की यादें उलझ गयीं थीं। ठीक वैसे ही जैसे ईया का पल्लू इन लत्तरों में कभी उलझ जाया करता था।

शायद पापा यही सोच रहे होंगे क्योंकि हमने बचपन से इन यादों की चादर को ओढ़ा था, अतीत और अपनेपन की गरमाहट को महसूस किया था। भले ही वह कुछ दिनों के सफ़र से ही क्यों न मिला हो। पर हमने गांव देखा था। पापा की नज़रों से गांव देखा था, ठेले पर बिकती लकठो की मीठी खुशबू को अपने नन्हीं मुट्ठियों

• 139 •

में भरा था, बड़ों के कन्धों पर बैठकर गलियारों में घूमा था, जिनके नाम याद नहीं।

भोजपुर जिले के अपने कटेया गांव को देखा तो था। मगर हमारे बच्चे अब किस्से - कहानियों में ही शायद देखेंगे। बिहिया से कटेया गांव की तीन किलोमीटर की दूरी जो अक्सर पैदल तय किए जाते थे पर अब बच्चे तीन मिनट की दूरी भी गाड़ी से ही करते हैं। क्योंकि उनकी यादों में कोई गांव नहीं है ...... सिर्फ किस्सों में हैं ..... जिसे सचिन जैसे बच्चे अपने दादाजी से सुनने की ख्वाइश रखते हैं ..... या शायद सिर्फ अपने होमवर्क पूरी करने के लिए।

पापा के मुखमंडल पर खुद ब खुद अल्हड़ पलों की अप्रतिम आभा बिखेर गयी थी .....उनके गांव की याद !

लेखक/लेखिका के अनुसार दुर्बलता

मैं अपनी इस लघुकथा " गांव की याद " को मेरी कमज़ोर लघुकथा मानती हूँ।

मैंने कहीं पढ़ा है कि किसी भी लघुकथा की रचना प्रक्रिया "अभिव्यंजना से अभिव्यक्ति तक का लंबा सफर है।" एक सार्थक लघुकथा में कथानक, कथ्य, शिल्प, शैली, शीर्षक, कालखंड, मंथन और संदेश, सभी का समावेश होता है। कहीं भी यदि संतुलन बिगड़ता है तो लघुकथा अपने अस्तित्व को लेकर प्रश्न चिन्ह के घेरे में आ जाती है।

मेरी लघुकथा में कथानक "मैं" हूँ, संवाद भी है और विवरण भी है। मैं मानती हूं कि मेरी लघुकथा आत्मकथात्मक, विवरणात्मक एवं संवादात्मक शैली का मिश्रित रूप है। परंतु फिर भी यह सशक्त नहीं बन पाई है। कथ्य की पराकाष्ठा भी कमज़ोर है इसलिए मैं इससे संतुष्ट नहीं हूँ।

57

सीमा भाटिया

पासपोर्ट

उससे मेरी दोस्ती फेसबुक पर ही हुई।ऋषभ नाम था उसका। मुझे दीदी ही कहता था। कैसे हुई दोस्ती, अलग किस्सा है। फिर कभी सांझा करूंगी। कहानी कहता था स्टेज शो ज़ में। पर उस दिन उदास था वह। गिटार की धुन भी सुनाई उसने मुझे। फिर कहने लगा "आपने हाल नही पूछा मेरा। पीछा छुड़ा रहे हो क्या?"

"नही तो।"

" नौकरी करते हो क्या?"

" मुझे कौन देगा नौकरी, पासपोर्ट तो देते नही।"

"क्यों?"

"कहते हैं कि बाल कटवाओ पहले, उग्रवादी लगते हो। भारतीय बनकर आओ।"वह मायूस होकर बोला।," मैंने भी कह दिया कि शेविंग करा के भारतीय बन जाऊंगा तो शूट क्या खाक करूंगा?"

"तो कटवा दो,इसमें क्या परेशानी है? बालों का योग्यता से क्या लेना देना?"

" मेरा काम लोगों का मनोरंजन करना है, तो कुछ अलग दिखना चाहिए न? कैमरे को आकर्षित करने वाले चेहरे चाहिए। पर ये अधिकारी लोग अड़े हुए मेरी शक्ल और बालों को लेकर। अब मैं सलमान खान या शाहरूख खान तो हूँ नही और न ही मेरे पास इतना पैसा कि इनके मुँह मार सकूँ। मैं तो बस एक जार तक सीमित छोटी मछली बन गया हूँ जिसे ये बड़ी मछलियाँ बाहर निकल समुद्र में जाने का मौका कभी नही देंगी।" उसके बाद एक बेचारगी भरी खामोशी छा गई थी।

<u>लेखक/लेखिका के अनुसार दुर्बलता</u>

यह लघुकथा मेरी शुरुआती दौर की लघुकथा है। हालांकि उसके बाद लिखी गई लघुकथाएं भी लघुकथा के लिए तय मापदंडों की कसौटी पर खरी उतरती हैं या नहीं, यह मैं तय नहीं कर सकती। यह तो इस विधा के विशेषज्ञ ही बता सकते हैं। यह लघुकथा मैंने 13 अप्रैल 2017 को लिखी थी। यह शायद मेरी दूसरी या तीसरी लघुकथा थी। दरअसल यह एक आभासी मित्र से बातचीत पर आधारित लघुकथा है, जिसे अपनी लुक्स की वजह से पासपोर्ट नहीं दिया गया। उसके आर्थिक हालात भी उस समय कुछ सही नहीं थे। उसकी बातचीत में उद्विग्नता ने ही मुझे इस को शब्दरूप देने को प्रेरित किया। पर इसके शिल्प को लेकर मैं आज तक असमंजस में हूं।

58

सुरेन्द्र कुमार अरोड़ा

हर तरफ कत्लो-गारद का भूचाल, चीखों - चिल्लाहटों का जंगल, आग, तलवारें, पत्थर, चाकू, डंडे, पेट्रोल के जलते हुए गुब्बारे,तेजाब की बारिश और बमों के धमाकों के बीच दरिंदगी की चादर में लिपटे वहशियाना खेल के साथ निहत्थों की चीख - पुकार,तड़पने के बाद शांत होते हुए जिस्म और फिर दहशत से भरा भुतहा सन्नाटा।

उन वीभत्स्व घंटों में सब कुछ देखने और भुगतने के बाद वे दोनों अपनी जिन्दा लाशों से बाहर निकल चुके थे।असल में निकाल कर फेंक दिए गए थे।अब उनके करीब न कोई दहशत थी,न कोई डर था,न कोई खुनी जूनून था और न नफरत से भरा कोई वहशी दरिंदा था।उनकी रूह हर तरह के कत्लो - गारद के जूनून से आजाद थी। हाँ ! वे अपने कटे - फ़टे जिस्मों को जरूर देख रहे थे जो नाले के कीचड़ को चीरकर झांक रहे थे। लाशों के चारों ओर लोगों की भीड़ भी थी

दोनों ने एक - दूसरे को हमदर्दी की नजरों से सहलाया।

" मित्र ! तू कैसे आजाद हुआ?"

" जैसे तू। "

" मुझ पर तो पेट्रोल का बम आकर गिरा था,जब मैं वहशी भीड़ को देख कर भागा था। "

" बाजार जाना मेरी मजबूरी थी। मैं अपनी बीमार माँ की दवा ला रहा था,तभी रस्ते में मुझे घेरने के बाद वे सब मुझे खींचकर एक घर में ले गए थे और वहां मुझे उन्होंने चाकुओं से गोद दिया था। पर तू उनके हत्थे कैसे चढ़ा? ""

" मैं तो अपने उस घर के बाहर खड़ा था जिसे वे खरीदना चाहते थे और मेरी उसे बेचने में कोई दिलचस्पी नहीं थी।"

" इसीलिए उन दरिंदों ने तेरा कत्ल कर दिया? बड़ी हैरत की बात है।'

" तुझे भी तो उस भीड़ ने बेवजह मारा। समझ में नहीं आया कि वहशीपन का ये जंगल ऊगा कैसे? "

" इस जंगल के दरिंदें तो अब भी अपने ऐशगाहों में आराम से अपनी रंग - रलियों में मस्त हैं। "

" वो तो यहाँ से दिख ही रहा है पर अब हम तो यहां आ गए हैं। वहां क्या होगा? "

" ये वो सिलसिला है बरखुरदार जो ऐसे ही चलता आया है और यूँ ही चलता रहेगा क्योंकि इस अभागे देश का हर बाशिंदा सिर्फ एक वोट है। सोचना बेकार है। जाओ अब आराम कर लो। "

<u>लेखक/लेखिका के अनुसार दुर्बलता</u>

भले ही यह लघुकथा इस देश में निरंतर होने वाले साम्प्रदायिक दंगों में मासूम नागरिकों की अकारण हत्याओं के दर्द को रेखांकित करने के लिए लिखी गयी हो परन्तु यह उस विषवमन को खुले रूप में प्रकट नहीं कर पायी जिसके कारण वास्तव में दंगें इस देश के लिए वास्तविक खतरा बन चुके हैं।

तरह-तरह के अशांति फैलाने वाले विचार इस देश की स्थाई शांति को लगभग स्थायी रूप से संक्रमित कर चुके हैं और वोटबेंक एवं सत्ता की राजनीती असली संक्रमण का स्थाई इलाज नहीं करने दे रही। साहित्य के माध्यम से यदि कट्टरवाद को अनावरित करने का प्रयास किया जाता है तो बहुत से साहित्यकार मित्र, उसे साहित्य मानने से इंकार कर देते हैं। फलस्वरूप असली अपराधी अनावृत नहीं होते और साम्प्रदायिकता का असल मर्ज बढ़ता चला जा रहा है।

अपनी लघुकथा "सिलसिला" में मैं मारे गए प्रताड़ित (मृत) पात्रों के नाम देना चाहता था, जो नहीं दे सका।

साहित्य में समाज का यह सत्य उजागर होना चाहिए जिससे साम्प्रदायिक लोगों के वीभत्स चेहरे सबके सामने आ सकें।